技术转移与科技成果转化评价

戴力新 戚 湧 主编

东南大学出版社
·南京·

内 容 简 介

本书梳理与研究了技术转移与成果转化评价的相关理论,结合江苏地区的独特禀赋特征,选取长三角部分城市的技术转移与成果转化数据进行了实证分析。在此基础上,开展了技术转移与成果转化评价指标体系的理论研究,并构建了一套具有江苏特色的技术转移与成果转化评价指标体系,探索具有推广价值和参考意义的有效评价模式和长效管理机制,实现了对技术项目的判断、预测、筛选及导向功能,确保创新资源能够精准投入真正需要支持的领域,也为相关部门政策的制定提供了坚实的理论和数据支撑,有助于提高技术转移与成果转化的效率,促进科技成果有效转化为现实生产力。

本书主要面向从事技术转移、成果转化工作的相关人员。

图书在版编目(CIP)数据

技术转移与科技成果转化评价 / 戴力新,戚湧主编.
南京:东南大学出版社,2024.12. -- ISBN 978-7-5766-1705-4
Ⅰ.F124.3
中国国家版本馆 CIP 数据核字第 2024BW6409 号

责任编辑:张新建　责任校对:张万莹　封面设计:王　玥　责任印制:周荣虎

技术转移与科技成果转化评价

主　　编	戴力新　戚　湧
出版发行	东南大学出版社
出 版 人	白云飞
社　　址	南京四牌楼2号　邮编:210096　电话:025-83793330
网　　址	http://www.seupress.com
经　　销	全国各地新华书店
印　　刷	广东虎彩云印刷有限公司
开　　本	700 mm×1 000 mm　1/16
印　　张	12
字　　数	200 千字
版　　次	2024年12月第1版
印　　次	2024年12月第1次印刷
书　　号	ISBN 978-7-5766-1705-4
定　　价	60.00 元

本社图书若有印装质量问题,请直接与营销部联系。电话(传真):025-83791830。

编委会

主　编　戴力新　戚　湧
副主编　肖　莺　孙兴莲　戴　婷
编　著　顾　宁　段伦超　李　红　闫中秋
　　　　　　杨诗雨

前 言

科学研究是人类通过科学实验发现事物内在运行规律和机理,以达到认知世界目标的过程,科技成果转化及产业化的目的则是改造世界和促进社会生产力发展。所谓科技成果转化及产业化是指对具有商业价值的科技成果进行二次试验开发、生产运作、商业运营乃至形成新产品、新工艺、新材料,发展新产业的活动。究其本质,成果转化是从认知论向实践论转化、理论研究向现实生产力转化的桥梁和纽带。

推动技术转移与科技成果转化,是促进科技与经济结合、实现创新驱动发展的重要手段,是贯彻落实习近平总书记科技创新思想、实施创新驱动发展战略的一项重大举措。2024年7月18日中国共产党第二十届中央委员会第三次全体会议通过了《中共中央关于进一步全面深化改革 推进中国式现代化的决定》(简称《决定》),《决定》提出了要深化科技成果转化机制改革,加强国家技术转移体系建设,加快布局建设一批概念验证、中试验证平台,完善首台(套)、首批次、首版次应用政策,加大政府采购自主创新产品力度以及加强技术经理人队伍建设。《中华人民共和国促进科技成果转化法》自1996年10月1日起正式施行,并在2015年进行了修订。2016年国务院先后颁布了《实施〈中华人民共和国促进科技成果转化法〉若干规定》《促进科技成果转移转化行动方案》(简称《方案》)等系列政策文件。《方案》明确提出:"建设100个示范性国家技术转移机构,支持有条件的地方建设10个科技成果转移转化示范区,在重点行业领域布局建设一批支撑实体经济发展的众创空间,建成若干技术转移人才培养基地,培养1万名专业化技术转移人才,全国技术合同交易额力争达到2万亿元","探索形成一批可复制、可推广的工作经验与模式"。国家科技成果转移转化示范区建设,重点围绕完善科技成果转移转化服务体系、建设科技成果产业化载体、开展政策先行先试等方面开展工作，致力于打造地方创新驱动发展的新引擎，为经济发展转方式、调结构以及产业转型升级提供了有效支撑。科技部于2016年10月启动首批国家科技成果转移转化示范区建设。2017年，科技部批复支持江苏省建设苏南国家科技成果转移转化示范区，这是全国首个以国家自主创新示范区为核心区域创建的科技成果转移转化示范区；2024年9月，教育部与江苏省启动建设首个全国高校区域技术转移转化中心。这为江苏省开展技术转移与科技成果转化工作提供有力支撑。自2016年以来，江苏省接连出台了《江苏省促进科技成果转移转化行动方案》《关于加快推进产业科技创新中心和创新型省份建设若干政策措施》《关于加快推进全省技术转移体系建设的实施意见》等政策，着力破除体制机制障碍，营造有利于技术转移与科技成果转化的良好氛围。

技术转移是获得技术能力、实现技术成果转化和经济绩效的重要途径，是推进技术进步、增强经济实力、提升全球竞争力的重要手段。发展中国家通常更加倾向基于有形商品的技术转移，而发达国家往往更加注重基于无形服务的技术转移。美国、日本和韩国等科技发达国家较早开始关注技术转移，并开展技术转移活动，取得了较大成功。

当前，全球科技创新呈现基础研究转化周期缩短、新技术变革周期缩短的特点，成果转化效率对一国未来技术和产业竞争力的影响愈加显著。此外，国际科技和产业竞争正逐步向基础研究前移，新兴产业、未来产业的演进迭代都依赖于基础研究的原创性突破。推动更多原创性和颠覆性发明创造从科研院校走进企业、从实验室走向市场是落实"科学技术是第一生产力"的关键，是加快培育和发展新质生产力的有效举措。因此，我国的科技成果转化应用日益受到社会各界的高度关注。中国已提出了加快建设创新型国家和世界科技强国的重大战略，但在科技成果转化率上仍低于发达国家水平。技术转移的低效率成为中国所面临的一大难题。因此，基于技术转移与科技成果转化的本质和特征的理论分析，结合科技发达国家技术转移实践特征的比较研究，构建技术转移的逻辑框架，提出适合江苏实际的技术转移与科技成果转化发展对策，对于促进技术转移理论与中国技术转移实践相结合，推进大学和科研机构关键核心技术高效转移转化具有重要意义。

本书是作者在技术转移与成果转化领域的研究成果，主要内容分为8章。第一章为绪论，主要包括研究背景和研究意义、技术转移与成果转化的内涵和理论借鉴、国内外技术转移与成果转化的现状。第二章为技术转移与成果转化的理论框架，包括技术转移的动因和过程、成果转化的影响因素、技术转移与成果转化的关联机制。第三章为江苏省技术转移与成果转化评价，主要包括评价指标体系构建原则、指标体系的设计、评价方法的说明、评价结果分析。第四章为长三角地区技术转移与成果转化的能力及效率评价，包括长三角地区技术转移与成果转化能力评价、技术转移与成果转化效率评价。第五章为技术转移与成果转化的案例分析，包括国内外技术转移与成果转化案例及其分析、案例比较和经验总结。第六章为技术转移与成果转化的策略与模式，包括创新驱动发展战略下的技术转移与成果转化模式、产学研合作模式的优化。第七章为中国技术转移成果转化的实践与展望，包括技术转移与成果转化现状、面临的问题及挑战等内容。第八章为江苏技术转移与成果转化存在的问题及对策建议。

由于时间匆忙，本书如有不当之处请予以批评指正。

编委会

2024 年 10 月 15 日

目　录

第一章　绪论 ·· 1
  1.1　研究背景与意义 ·· 1
    1.1.1　研究背景 ·· 1
    1.1.2　研究意义 ·· 2
  1.2　技术转移与成果转化的基本概念界定 ···································· 3
    1.2.1　技术转移的内涵 ··· 3
    1.2.2　成果转化的内涵 ··· 4
    1.2.3　技术转移与成果转化评价的相关理论借鉴 ···················· 5
  1.3　国内外技术转移成果转化现状 ··· 8
    1.3.1　国内外技术转移研究现状 ·· 8
    1.3.2　国内外成果转化研究现状 ·· 11

第二章　技术转移与成果转化的理论框架 ······································ 14
  2.1　技术转移的动因与过程 ··· 14
    2.1.1　技术转移的动因 ··· 14
    2.1.2　技术转移的过程 ··· 20
  2.2　成果转化的影响因素分析 ·· 32
    2.2.1　科技成果质量 ·· 34
    2.2.2　科技成果转化方式 ·· 36
    2.2.3　科技人员参与度 ·· 38
    2.2.4　其他影响因素 ·· 41
  2.3　技术转移与成果转化的关联机制 ·· 44
    2.3.1　技术转移与成果转化的区别 ····································· 45

2.3.2　技术转移与成果转化的关联 ·················· 52

第三章　江苏技术转移与成果转化评价 ·················· 55
　3.1　江苏技术转移与成果转化评价指标体系的构建原则 ········· 55
　　3.1.1　层次性原则 ································ 55
　　3.1.2　导向型和整体性原则 ························ 55
　　3.1.3　动静结合原则 ······························ 56
　　3.1.4　科学实用原则 ······························ 56
　3.2　江苏技术转移与成果转化评价指标体系的设计 ············· 57
　　3.2.1　技术转移与成果转化资源投入 ················ 59
　　3.2.2　技术转移与成果转化产出 ···················· 60
　　3.2.3　技术转移与成果转化环境支撑 ················ 60
　3.3　江苏技术转移与成果转化评价方法的说明 ················· 61
　　3.3.1　熵权法求权重 ······························ 62
　　3.3.2　TOPSIS法计算加权规范化矩阵 ················ 63
　　3.3.3　确定评估目标的正负理想解 ·················· 63
　　3.3.4　计算正负理想解距离 ························ 64
　　3.3.5　计算相对贴近度及排序 ······················ 64
　3.4　江苏技术转移与成果转化的评价结果分析 ················· 65
　　3.4.1　江苏技术转移与成果转化能力综合评价 ········ 65
　　3.4.2　分区域技术转移与成果转化能力评价 ·········· 70

第四章　长三角地区技术转移成果转化能力及效率评价 ········· 73
　4.1　长三角地区技术转移与成果转化能力评价 ················· 73
　　4.1.1　研究方法及数据来源 ························ 73
　　4.1.2　评价结果分析 ······························ 77
　4.2　长三角地区技术转移与成果转化效率分析 ················· 82
　　4.2.1　指标设计与分析方法 ························ 82
　　4.2.2　评价结果分析 ······························ 86

第五章 技术转移与成果转化案例分析 … 94

5.1 国内技术转移与成果转化案例 … 94
- 5.1.1 引言 … 94
- 5.1.2 文献综述 … 95
- 5.1.3 案例背景 … 96
- 5.1.4 案例分析 … 98
- 5.1.5 案例启示 … 103

5.2 国外技术转移与成果转化案例分析 … 105
- 5.2.1 引言 … 105
- 5.2.2 案例分析 … 106
- 5.2.3 案例总结 … 110

5.3 案例比较与经验总结 … 113
- 5.3.1 案例目标对比 … 114
- 5.3.2 技术转移与成果转化流程对比 … 115
- 5.3.3 案例启示与经验总结 … 115

第六章 技术转移与成果转化的策略与模式 … 119

6.1 创新驱动发展战略下的技术转移和成果转化模式 … 119
- 6.1.1 技术转移 … 119
- 6.1.2 科技成果的转化 … 127
- 6.1.3 科技成果转化与技术转移的联系和区别 … 128
- 6.1.4 科技成果的权属及其改革探讨 … 132

6.2 产学研合作模式的优化 … 137
- 6.2.1 发挥企业在产学研合作模式中的主导作用 … 137
- 6.2.2 构建以产学研合为基础的新型创新联合体模式 … 141

第七章 中国技术转移成果转化的实践与展望 … 146

7.1 中国技术转移成果转化的现状分析 … 146
- 7.1.1 我国技术转移成果转化总体现状 … 146

    7.1.2 我国高校科技成果转移转化现状 …………… 148
  7.2 面临的挑战与问题 ………………………………… 156
    7.2.1 技术成果的商业价值有限 …………………… 156
    7.2.2 科技成果产业化水平不高 …………………… 157
    7.2.3 创业失败率较高 ……………………………… 157
    7.2.4 科技成果研发人在成果产业化链条中的作用与地位
      不够高 ………………………………………… 158
    7.2.5 技术转移与成果转化的评价标准难以量化 …… 159
    7.2.6 技术转移与成果转化政策落实还没有形成协同机制
      ………………………………………………… 159
  7.3 结论 ………………………………………………… 160

第八章 江苏技术转移与成果转化存在的问题及对策建议 …… 161
  8.1 江苏技术转移与成果转化存在的问题 …………… 161
    8.1.1 技术转移与成果转化效率较低 ……………… 161
    8.1.2 引领产业创新发展的重大科技成果不足 …… 161
    8.1.3 科技服务机构能力有待提升 ………………… 162
    8.1.4 专业化技术转移人才队伍缺乏 ……………… 162
  8.2 对江苏技术转移与成果转化的对策建议 ………… 162
    8.2.1 强化平台建设，促进科技成果落地转化 …… 162
    8.2.2 强化市场配置，完善成果转化对接机制 …… 163
    8.2.3 强化融合发展，促进产学研用深度合作 …… 164
    8.2.4 强化人才支撑，优化成果转化资源配置 …… 165
    8.2.5 强化资金保障，完善创新领域融资体系 …… 166

参考文献 ………………………………………………………… 167

第一章 绪 论

1.1 研究背景与意义

1.1.1 研究背景

随着全球经济一体化和科技革命的深入发展,以云计算、大数据与人工智能为代表的新技术正引领着科技创新能力的变革,成为衡量一个国家综合国力和国际地位的关键因素。技术创新是一个复杂的过程,它不仅涉及科学技术的发现和发明,更关键的是将这些成果转化为现实的生产力,与生产实践相结合,以创造价值。在这一过程中,科技成果转化能力的强弱直接关系到一个国家的科技创新效率和经济发展速度。中国作为世界上最大的发展中国家,其科技创新成果的产出规模巨大,但与欧美发达国家相比,科技成果转化率相对较低,资源浪费现象较为突出,这些差距不仅体现在转化率上,还表现在科技创新体制与市场结合度不足、市场需求与成果转化不匹配、成果转化评价与激励机制匮乏等方面。因此,如何加速科技成果的转化,提高转化效率,已成为中国科技创新领域面临的重要任务和课题。

在国家层面,中国正通过加强基础研究和应用研究的研发投入,激励企业积极参与基础性研究,强化应用基础研究主攻方向,完善共性基础技术供给体系,以期实现更多从"0"到"1"的突破。同时,中国也在努力构建高效协同的国家创新体系,从技术转移的全过程、全链条、全要素出发,系统布局国家技术转移体系。在地方层面,江苏省作为全国高校区域技术转移转化中心,以其坚实的产业基础、丰富的科教资源、优良的营商环境和巨大的市场规模,成为科技创新及成果转化的沃土。江苏在生物医药、信息通信、先进材料等产业领域已建有完整的工艺开发、分析测试、加工检测和模拟验证服务能力,具备承接全国高校科技成果转化的基础和能力。

自 2016 年以来,江苏省接连出台了《江苏省促进科技成果转移转化行动方案》《关于加快推进产业科技创新中心和创新型省份建设若干政策措施》《关于加快推进全省技术转移体系建设的实施意见》《关于促进科技与产业融合加快科技成果转化实施方案》《关于深化科技体制机制改革推动高质量发展若干政策》等系列新政策,着力破除体制机制障碍,营造有利于技术转移与成果转化的良好氛围。

目前,江苏技术转移与成果转化评价指标体系尚无统一标准和成熟模式可借鉴,虽然构建技术转移与成果转化评价指标体系的导向已经明确,但具体的评价方法和评价指标仍需进一步研究。因此,开展江苏技术转移与成果转化评价指标体系研究是顺应时代发展的要求。

1.1.2 研究意义

(1) 现实意义

为了促进江苏省技术转移与成果转化的专业化、规范化和社会化,大力完善江苏省技术市场,提升江苏技术转移与成果转化活力,有必要尽快建立江苏技术转移与成果转化评价指标体系研究。当前,摆在江苏省面前的首要工作,就是站高望远,从全国的大格局出发,做好技术转移与成果转化评价工作,加快构建适应"争当表率、争做示范、走在前列"总要求的新发展格局,推动江苏产业高质量发展。

(2) 理论意义

通过梳理技术转移与成果转化评价的相关理论,结合江苏禀赋特征,研究和构建技术转移与成果转化评价指标体系,完善江苏技术转移与成果转化评价工作,以制定科学的评价方法和评价标准,进而探索出科技成果转化的有效评价模式和长效机制,实现对技术评价的判断、预测、筛选以及导向功能,使得创新资源真正投入需要支持的领域,同时也加大相关部门对技术转移与成果转化政策支持力度,进而改善技术转移与成果转化的效率,催化科技成果真正转化为现实生产力。

1.2 技术转移与成果转化的基本概念界定

1.2.1 技术转移的内涵

技术转移(technology transfer)是产业分工和成果转化的必然要求,是实现技术创新和推动经济发展的关键环节,起到连接科技与经济的"桥梁"和"纽带"作用(方炜等,2019)。Leischnig 等(2014)将技术转移定义为一项专门知识、技术知识从一个组织转移到另一个组织的全过程。Nordensvard 等(2018)将技术转移定义为从最初构思到用户知识、研究成果的传递路径,侧重授权与技术合作的全过程。Appiah-Adu 等(2016)认为技术转移是知识或者技能从技术转出方流入到技术接收方的过程。Pinto 等(2019)认为技术转移是实现专利的商业化、新产品雏形以及新技术从实验室走向产业规模化试制的重要手段。Günsel(2015)将技术转移定义为技术接收方通过许可、技术合作、专利购买等方式来获取技术,用以提升自身技术优势,实现自身竞争优势的飞跃的过程。Ballon 等(2005)指出实验室验证是连接基础研究与应用研究的第一个枢纽,早期实验室系列测试具有重要作用,并为技术成果转化创造先决条件。Frishammar 等(2015)等指出技术转移是新技术走向工业规模试制和商业化的基础与源头。

结合以上定义我们对技术转移给出如下定义:技术所有者将技术转让或授权给技术受让方,用以实现技术的产业化、规模化发展,促进技术的有效利用并发挥技术本身的最大价值,最终实现技术供应方和需求方双方竞争力飞跃的全过程。

知识经济时代,创新已成为区域经济发展的关键驱动力(Dunning,

2002),创新主体却面临着依赖自身资源禀赋和创新能力难以应对知识的复杂性提升和更新速度加快的窘境。随着数字化和全球化降低了空间交易成本,技术转移作为知识流动和知识溢出的重要方式(Polanyi et al.,2015),能有效降低研发成本、避免重复研发、促进技术学习,转移技术在不同地理区位的应用性开发和集成创新也有利于技术成果利用率的提升以及区域创新系统的建设(Aghion et al.,1998)。因此,技术转移已逐渐成为企业等创新主体迅速弥补技术短板、进行集成创新的重要途径,成为区域获取外部知识、充实本地知识库的关键(刘承良等,2018)。

1.2.2 成果转化的内涵

目前,与科技成果转化有关的概念有很多,比如国外常用"技术转移"来代替我们所说的科技成果转化,同时,科技成果转化最初起源于对"科技创新"方面的研究。尽管我国学者长期以来对科技成果转化的概念进行了大量的研究和梳理,但还未形成统一的认识。近年来多采用2015年新修订的《中华人民共和国促进科技成果转化法》中对于科技成果转化的界定,即"为提高生产力水平而对科技成果所进行的后续试验、开发、应用、推广直至形成新技术、新工艺、新材料、新产品,发展新产业等活动"(陆扬,2018)。基于此,科技成果转化是指将科学研究和技术开发所产生的具有实用价值的成果,通过各种途径和方式,转化为能够产生经济效益和社会效益的新技术、新产品、新工艺、新材料等的过程。

随着知识生产模式的转型,科技成果转化不再局限于高校本身,在开放式创新的催化作用下,逐渐成为多主体、全方位的系统性工程。高校作为新知识、新技术的供给方,往往需要政府部门的政策支持以引导、保障、协调科技成果转化的实施,从而满足企业的市场需求。

(1) 高校

高校作为知识的生产场所,是科技成果的主要供给者,也是科技成果转化为现实生产力的源泉和基础。高校凭借不断增强的科技实力、自主创新能力以及社会竞争力,正逐步发展为基础研究的核心主体,应用研究的重要构成部分,以及高新技术产业化的主力军,高校科技工作已经成为国家构建科技创新体系的重要组成部分。

(2) 企业

企业是高校科技成果转化过程中的重要主体之一,是科技成果的主要需求方。企业的需求能力是高校科技成果转化的动力,直接影响着科技成果转化的速度和规模。

(3) 政府

政府在高校科技成果转化活动的过程中起着社会调控和组织管理的作用,通过制定相关的法律法规、政策,引导与保障科技成果的转化与评估,同时还可以直接给予高校任务并提供资金支持、政策法律环境及条件,政策的有效实施将会对高校科技成果转化产生极大的推动力。

1.2.3 技术转移与成果转化评价的相关理论借鉴

(1) 区域创新理论

关于区域创新能力的研究由来已久,如蒋艳辉等(2020)研究发现财政支出会通过促进居民消费提升区域创新能力,张宽等(2019)研究发现外资企业贸易水平与区域创新能力呈正相关关系等。而在区域创新系统中,企业是最具主观能动性的主体,企业在发展过程中会出现对创新的内生需求,即企业为了存续发展会产生创新意愿,并将其转化为实际创新行为,具体表现为对技术创新要素的需求。李丽(2016)提出,对于企业出现的创新需求在一定条件下具有自强效应,即企业通过产生创新意愿并产生创新行为,进而产生创新利润,由此产生的激励会使企业将部分创新利润再次转化为创新投资而引致新的创新需求,进而开展新一轮的创新活动,从而获得新的创新产出,而区域创新系统中各主体创新成果的产出势必会带动全区域创新水平的提高,可见企业创新需求是增强区域创新能力的重要动力源泉。区域创新能力的提升不仅来自各创新主体行为,更来自创新主体间的相互配合(高月姣等,2015)。高校作为科研的主阵地,其内部拥有丰富的科研成果和人才资源,是实现技术转移的一个重要主体,如今高校不仅要承担教学和科学研究的基本职能,还要承担将科技成果转化为生产力的社会服务职能,越来越多地参与到技术转让的进程中。然而现有文献关于高校技术转移对区域发展的影响存在不同观点,部分学者认为高校能够在知识转移、孵化、指导和咨询方面为企业家提供支持,在学术部门内外产生更多的创业和创新成果(Bercovitz et al.,2006),并通过技术转移实现技术成果商业化,从而有利于提升区域创新能力(曾婧婧等,2020)。而另一部分学者认为高校技术的市场潜力有限(Daniel et al.,2019),且高校技术转移缺少为参与者提供更多保持长期合作和频繁沟通的可能性,从而合作双方在知识结构和运作模式的理解上可能存在偏差,企业在利用和转化方面往往会遇到困难,因此高校技术转移对区域发展的作用较小(Hou et al.,2020)。可见,学术界对于高校技术转移的积极影响存在质疑。此外作为专利最多的国家,技术转移的低效率一直是我国所面临的一大难题。

(2) 技术扩散理论

技术扩散路径包括静态路径和动态路径,静态路径是指技术扩散的模式、渠道和发生方式,动态路径是指技术创新周期对技术扩散的阶段性影响(林兰,2010;黄菁菁,2018)。本书所探讨的技术扩散路径是指静态路径,即技术扩散发生的方式或渠道。Buckley等(1976)总结了技术扩散的主要渠道,包括外商独资企业、合资企业、契约合资、国际分包等十种途径。Glachant等(2013)进行了补充,指出技术扩散的路径主要有半成品国际交易、外商直接投资和交易许可三种。黄鲁成等(2011)提出技术扩散虽然有诸多途径,包括展览会、研讨会,厂商间的技术授权等,但是这些方式的技术扩散难以具体衡量,而专利引证是测量技术扩散的有效方法。诸多学者基于专利引证对技术扩散进行了量化研究,Haruna等(2010)采用专利引文测量了中国、韩国、印度等亚洲国家的国际技术扩散;Duch-Brown等(2015)通过专利前引分析方法评估了环境技术扩散过程中的知识溢出。现有研究对技术扩散的多种可能路径进行了总结,且部分研究对单一的某种扩散渠道进行了量化分析,然而,缺乏对技术扩散多种路径的实证分析和综合性评价。技术扩散多种渠道叠加才会形成技术创新的总体扩散。技术扩散的过程既包括有意识的传播及扩散,即主动性扩散,也包括无意识的技术传播,即技术溢出效应,本书将其称为非主动性扩散。技术扩散的效应是主动性扩散和非主动性扩散共同作用的结果。主动性扩散是专利权人有目的、有计划地对其专利进行扩散,体现了专利权人的战略意图及技术发展战略,如专利权人的技术许可及转让、专利权人的专利布局;非主动性扩散反映了技术知识的流动,是一种被传递和被扩散的过程,体现了技术的外部影响力(Jee 等,2019)。现有研究成果表明,专利引证的同时伴随着技术知识的外溢和扩散,如果一项专利被其他专利所引用,则反映出这项被引的专利技术已经扩散和传播,具有应用价值,一项扩散潜力高的技术也往往具有较高的市场潜力(Pan et al.,2018;Sharma et al.,2017;Chen,2017;Altuntas et al.,2015)。因此,专利引证数据能够比较客观地反映技术扩散现象,用来追踪非主动性技术扩散。

技术创新扩散被熊彼特(2000)定义为创新技术的大面积、大规模的模仿。基于技术扩散的主体范围、流动方向和扩散程度,分为企业内部扩散和企业间外部扩散(裴旭东,2006)。考虑到后者具有更强的溢出效应(Zanello et al.,2016),本研究聚焦企业间的外部创新扩散问题。企业技术创新能力的提升离不开共性技术的创新及扩散(张利宁,2017)。作为技术创新的载体,高新技术产业注重知识的投入、扩散和渗透,通过高新技术的积累、运用和商业化,发挥技术创新在企业发展中的作用。外部技术扩散加速了信息、知识在产业内快速传播的速度,能够发挥创新的乘数效应(刘晓明等,2009)。已有研究采用多种方法探索了外部技术扩散对企业创新绩效的影响。例如 Roper 等(2017)使用英国创新调查数据发现外部知识扩散对企业创新绩效具有显著作用。李其玮等(2018)通过整理产业创新生态系统构建了影响因素-知识优势-绩效的具体影响路径概念模型。高霞等(2018)利用我国知识产权局专利数据和企业大样本面板数据,分析合作网络聚簇系数、知识到达率等对创新绩效的影响。但其研究呈现复杂结果,且发现知识积累对企业创新绩效具有显著负效应。考虑到作用环境和创新阶段的变化(王家庭等,2008),外部技术扩散可能对产业的创新绩效出现波动影响,甚至带来负向影响(沈宏婷等,2017)。而现有研究大多以技术供需两个主体属性和环境中介为主要动力去分析技术创新扩散机制,且倾向于结构和变量描述;其并未考虑到完整、系统的生产结构变动所生成的内在动力,也缺乏足够的经济理论阐释。在上下游企业交错连接的网络结构中,高新技术产业内企业间的技术创新扩散会沿着生产效率提高的方向变动。企业是否采用创新技术并能有效利用取决于其在整个生产结构上的角色变化,并受到生产结构链条的影响(沈宏婷等,2017)。

1.3 国内外技术转移成果转化现状

1.3.1 国内外技术转移研究现状

DEA方法是分析决策单元投入产出绩效的重要工具之一,至今国内外学者仍在运用DEA方法进行多方面的研究,如银行业运营绩效评估、财富与生活质量绩效评估、环境污染与区域经济发展可持续性评估、特定产业发展绩效等(Fukuyama et al., 2015;Mariano et al., 2014;Sueyoshi et al., 2015)。国内文献中该方法已被应用于全要素生产率、研发创新绩效、能源与环境绩效、碳减排绩效、区域创新绩效、高校科研活动绩效、工业生态绩效、特定产业技术绩效等领域的研究(王锋等,2013;张伟等,2013;黄寰等,2015;叶刘刚等,2015;戴志敏等,2016)。同时,在技术转移评价上,考虑到高校技术转移涉及科研人员、技术转让办公室和私营企业等多个主体,Anderson等(2007)运用DEA方法的研究表明许多高水平高校的技术转移绩效显著,且拥有医学院的高校绩效相对较低;Curi等(2015)评估了法国技术转移办公室（TTO）绩效，发现 50% 的绩效改进归功于 TTO 系统；Kim（2013）实证发现 1999—2007 年间美国高校的技术转移平均绩效大幅增长，这主要源于日益频繁的商业化产出；Hsu 等（2014）测度了 2000—2005 年 67 个国家军用技术转移对经济增长的影响，认为纯技术绩效和规模绩效的改变表明技术扩散是普遍存在的，肯定了军用技术扩散对经济增长的积极影响。

目前，国内关于技术转移绩效评价的研究主要处于实证分析阶段，多运用非参数的 DEA 方法通过模型改进提高技术转移绩效测算的准确度，区域、高校和行业是主要研究对象。

高校技术转移方面：评价多选用 R&D 经费及来源、R&D 人员数量、学术论文数、专利申请数、专利授权数、专利转让许可数、专利转让许可收入、新孵企业数等相对微观的指标。据此评价时，发现中国高校科技成果转化绩效总体较低。覃雄合等（2017）的研究进一步表明高校科技成果转化绩效呈逐年上升趋势，而技术创新绩效呈现大幅度提升，同时，东西部地区的总绩效和分阶段绩效均存在显著差异；余元春等（2017）提出了不同的观点，认为技术创新阶段是制约我国产学研技术转移绩效提升的瓶颈；钟卫等（2018）还发现科研实力强、拥有医学院、首批加入国家高校科技园的高校科技成果转化绩效要更好。

行业技术转移方面：贺京同等（2011）运用 DEA-Malmquist 指数方法测算 1999—2008 年我国高技术产业科技成果转化率，发现整体绩效不高、呈现下降趋势且行业间差距缩小。类似研究可见卫平等（2014），由于战略性新兴产业统计数据不完善，且战略性新兴产业依托于高技术产业，该文测算的仍是高技术产业分行业的科技成果转化绩效，测算结果支持贺京同和冯尧的结论。

区域技术转移方面：投入产出评价指标多为 R&D 人员、R&D 人员全时当量、R&D 经费支出、地方财政科技拨款、新产品开发经费、专利授权数、大中型工业企业的科技项目数、万名 R&D 活动人员科技论文数、技术合同成交数、技术合同成交额、新产品产值、工业增加值及销售收入等宏观变量。据以上评价指标研究发现我国技术转移绩效布局在地区间存在差异。如刘俊婉等（2015）从可持续发展的角度，运用两阶段链式 DEA 模型同样发现我国各地区科技成果转化绩效整体水平较低、具有较强的差异性，且绩效与技术创新能力、可持续发展能力之间没有较强的相关性；杜传忠等（2017）的研究表明泛长江三角洲经济圈技术转移绩效相对较高，北京和上海等龙头城市技术转移绩效最突出，吉林、黑龙江、海南、云南和贵州的技术转移绩效相对较低。

同时，少数学者采用随机前沿方法、熵值法、二次组合评价法等对技术转移绩效进行测度。相比其他方法，随机前沿方法可以将评价指标体系设计、效果评价和绩效测度研究有效结合，但评价指标体系的优劣同时关系到绩效和影响因素的实证研究结果，且实证结果受所设定的生产函数形式影响，相关研究如董洁等（2012）的研究表明我国科技成果转化绩效不高、各省市间存在较大差距，政府支持是科技成果转化最为关键的因素；戚湧等（2015）实证发现江苏高校科技成果市场转化绩效不高。此外，杨栩等（2012）运用熵值法从经济、社会、科技和环境四种效益，综合评价了我国区域的科技成果转化绩效。尹士等（2018）基于二次组合评价法的研究发现中国区域技术有效供给能力相差较大、总体水平不高，主要原因在于缺乏以社会需求为导向的核心技术；严威等（2014）认为科技贡献率中由科技成果有效转化而来的那部分所占比重是科技成果转化水平，通过回归，发现我国科技投入对科技成果的贡献较大，但科技成果对经济增长的贡献却不高，导致了我国整体科技成果转化水平偏低。鉴于随机前沿方法绩效测度受生产函数形式制约，熵值法、二次组合评价法等方法不具有一般性，故本书对中国技术转移绩效的测算选用改进后的 DEA 方法。现有技术转移绩效测度的实证研究普遍存在对结果的解释力度不足问题，其背后的原因在于学术研究与技术转移实践活动联系不够紧密。需要说明的是，从概念界定、测算和数据来源看，目前将科技成果转化率用于全国科技成果转化总体评价是不适用的,科技成果转化率是一项管理指标,只能在明确了分子分母界定和标准的前提下,在特定的范围内使用(李修全等,2015)。

1.3.2 国内外成果转化研究现状

科技成果转化绩效评价方法方面。Rubensteln 等(1982)试图通过科学技术产出的分类,对科技成果转化绩效进行评价和监测;Kaufmann(1995)认为成果转化包含着知识转化,可通过测量知识转化的效果解决科技成果转化效果的评价和计量问题;Sohn 等(2004)通过建立决策树的 DEA 模型,对科技成果转化绩效进行了研究,为科技成果转化项目的评价提供了方法。

高校科技成果转化评价方面。Rory 等(2005)以美国 1950—2001 年的面板数据为研究对象,从资源、制度、金融、商业和人力资本与高校知识溢出绩效等方面,对美国校企导向和技术转移、溢出绩效之间的关系进行了探索;陈腾等(2006)采用 DEA 方法对高校科技成果转化效果进行了评价,并指出了 DEA 方法中指标体系确定的一般原则和步骤;成玉飞(2008)应用主成分分析法对天津市的高校科技成果转化做出了客观评价;刘威等(2008)应用 ANP 方法对高校科技成果转化绩效进行了评价;阎为民等(2006)利用模糊评价法对高校科技成果转化绩效进行了研究;涂小东等(2005)利用系统观点,从科技成果转化潜力、科技成果转化实力和科技成果转化环境三个方面构建了我国高校科技成果转化绩效评价的指标体系与模型。此外,张健华(2010)采用比较分析、文献分析、问卷调查及数量分析等方法,对高校科技成果转化中的政府职能进行了深入研究,提出我国政府在高校科技成果转化中的职能定位:"强政府、强社会"和"督导服务型";Grimaldi 等(2002)利用英国联合研究计划(The UK LINK Scheme)的产学研合作数据对产学研合作的经济绩效进行了实证分析。

行业科技成果转化评价方面。李树德等(1994)用农业技术进步度、科技成果推广度、科技成果推广率、科技成果推广指数、投入产出比五个指标对农业科技成果转化和绩效进行了评价;石善冲等(2004)从科技开发能力、科技成果转化能力、科技成果转化的直接效果三个领域,构建了由15个基本评价指标组成的评价指标体系,对河北省工业科技成果转化进行了实证分析;魏后凯(2004)对我国地区工业技术创新能力进行了综合评价;金南等(1999)建立了环保科技成果转化项目评价指标体系。

区域科技成果转化评价方面。Feller等(1994)对纽约州的科学技术投资所获得的利益进行了计算和评价;徐晨等(2010)选取经费投入、人力投入、经济效益、社会效益4个一级指标以及11个二级指标,利用2005年的相关数据,采用DEA法对全国30多个地区的科技投入及科技成果转化绩效进行了研究;唐敏(2010)首先从资源投入、转化过程、社会效益三个模块构建了由18个基础指标构成的科技成果转化综合评价指标体系,然后运用主成分分析方法对2006—2008年全国30个地区进行了科技成果转化综合评价和排名,最后重点对江苏省科技成果转化进行综合评价、分析和提出对策建议;张逸(2006)首先从经济发展、社会进步、科技基础三个模块建立了由28个基础指标构成的科技成果转化综合指数评价指标体系,然后运用层次分析法和专家打分法确定各指标权重,计算得到1998—2003年全国科技成果转化综合影响指数的排名,最后重点对2003年四川省科技成果转化进行综合评价和分析;谢丽云(2009)从科技成果投入、科技成果转化科技中介服务、科技成果转化中试推广、科技成果转化效果四个领域构建了由21个基础指标构成的科技成果转化评价指标体系,并利用主成分分析方法计算得到2004—2007年全国各地区科技成果转化综合能力得分及排名,最后聚类分析;刘璇华等(2010)从科技资源投入、科技成果产出、科技成果转化绩效三个领域构建了由35个基础指标构成的科技成果转化评价指标体系,利用层次分析法和专家打分法对2006年7个省市的科技成果转化进行实证分析;俞立平等(2011)选取论文、专利、技术市场成交额三类指标,采用面板数据,利用专家打分法和TOPSIS法,对地区科技成果进行了评价。此外,尹航(2007)以23个科技成果转化项目为研究对象,采用AHP-Entropy方法,进行了科技成果转化绩效研究。

可见，国内外对科技成果转化评价的研究较多，并呈现以下特点：其一，科技成果转化评价的研究方法较多，既有定性研究也有定量研究。定量研究方法有 DEA 方法、主成分分析法、ANP 方法、模糊评价法、层次分析法、专家打分法、TOPSIS 法和聚类分析法等，其中，主成分分析法和专家打分法运用较多，但是专家打分法易受主观因素影响。其二，科技成果转化评价的研究内容较为广泛，既有针对某一行业或领域的研究也有针对某地区或国家的研究，既有针对某些科技成果转移转化项目的研究也有针对整个科技成果转化过程进行的综合评价研究。但是，区域性的科技成果转化绩效评价研究相对较为缺乏。其三，科技成果转化的评价指标颇为丰富，尤其在区域科技成果转化评价的研究方面。一方面，关于各地区科技成果转化综合能力的评价中，如果在建立指标体系时同时考虑科技投入和科技产出，可能会忽略科技投入的绩效问题，导致各地区盲目扩大科技投入；另一方面，以上区域科技成果转化评价的研究中，评价指标体系的基础指标个数基本在 18 个以上，显得不够精简，或者说指标的针对性和准确性还值得进一步商榷。因此，对于区域性的科技成果转化评价的研究中，应该既考虑科技资源投入的绩效问题，又应该建立具有针对性的精简的指标体系。其四，在科技成果转化评价过程中，部分学者仅选取了某一年的指标数据，可能会导致其结论的不稳定性和不可靠性。其五，在区域科技成果转化评价的分析中，注重各地区之间的横向比较，缺乏某一地区的纵向比较。

第二章 技术转移与成果转化的理论框架

2.1 技术转移的动因与过程

2.1.1 技术转移的动因

在众多利益之中,物质利益无疑占据了最为重要和基础的地位。对物质利益的追求,实际上是社会各个主体——无论是个人、组织还是国家——对于物质和精神财富的获取以及使用能力的追求,目的在于满足自我需求。这种追求不仅是推动社会生产力发展的重要动力,也在塑造社会活动主体的行为动机和倾向,进而促进社会生产资源的流动和优化配置。在这个过程中,技术作为生产力的一个关键组成部分,其获取和控制的水平直接影响到生产力发展的层次,以及人们对于物质需求的满足程度。因此,无论是投资于技术研发,还是技术的转让、销售和采购,其根本目的都在于获得物质上的回报。技术转移的产生,是基于供需双方在平衡各自利益后所做出的选择。正是因为有人愿意承担创新的风险,期望获得超出常规的回报,这种利益的驱动力促使了从创意到创新的转变。技术提供方在决定转移或保留技术时,是基于其战略定位、竞争考量以及利益需求所做出的选择。选择不转移技术是为了保持技术垄断,以获得更高的商业价值;而选择转移技术则是基于技术不再构成竞争威胁的判断,或是希望通过此举扩大市场份额,实现更大的价值增值。对于技术接收方而言,引进技术的主要目的是丰富产品线、提升产品质量并增强市场竞争力。至于选择何种技术以及采取何种引进方式,则取决于技术接收方的消化吸收能力、经济状况以及技术成本等多方面因素。

将技术转移的动机仅仅简化为技术本身的水平或技术力量的强弱,实际上忽略了一个非常关键的现实情况。即使是处于世界科技前沿的美国,其先进的科学技术转移到中国的过程中,也经常会遇到一系列的阻碍,包括但不限于不愿转移或者不被允许转移的情况。这一现象深刻反映出,技术转移并非仅仅是对技术本身价值的直接反映,而是一个更为复杂的过程,它在很大程度上受到了参与各方的经济实力、战略考量以及外部环境等多种因素的综合影响。这说明,在考虑技术转移的动机和过程时,我们需要综合考虑这些多维度的因素,而不是简单地将其归结为技术的先进性或落后性。

因此,很明显,推动技术转移的主要动力来源于对物质利益的追求,而不仅仅是技术本身的性能水平。简单地将技术转移的原因归结为技术性能,无疑忽视了马克思主义物质利益学说的基本原理。从这个学说的视角来看,技术转移是一种典型的经济行为,其核心目的在于追求最大化的经济利益。在这个过程中,技术本身只是实现这一最终目标的众多手段之一。这种视角强调了技术转移背后的经济动机,而非单纯的技术性能,从而提供了对技术转移动因更深层次的理解。

技术转移是推动全球知识流动和促进创新扩散的核心环节,因而受到了学术和产业领域的广泛重视。它的动机是多元化的,可以从经济利益、战略布局、技术需求、市场压力、政策引导和社会文化等多个层面进行深入分析和探讨。

在经济利益方面,追求经济回报无疑是技术转移过程中的一个核心驱动力。技术的提供方,通过各种方式如许可、出售或是通过合作伙伴关系等手段来转移技术,目的是获得直接的经济利益,这些利益可能包括但不限于许可费、版税以及增加的销售收入等。这种做法不仅有助于企业回收其在研发上的投资,而且还能有效地拓展市场边界,促进资本的流动性,从而增强企业的市场竞争力和经济实力(Arora et al.,2004)。同时,技术需求方通过引进和采纳新技术,能够显著提高生产效率、降低生产成本,并提升最终产品的质量。这不仅能够加强企业在市场中的竞争地位,也能够显著增加企业的经济收益(Hall et al.,2001)。因此,无论是技术提供方还是技术需求方,都能通过技术转移这一过程,实现经济利益的最大化。

在战略布局层面上,技术转移可以被视为技术供应方的一项重要战略规划,旨在通过占领市场先机、推广技术标准或建立产业联盟等方式,来实现其长远的商业目标。技术转移不仅有助于企业扩大其商业网络,还能够使其获得新的资源和能力,进而促使企业之间建立起新的战略合作关系(Chesbrough,2003)。这种战略合作不仅限于技术层面的合作,还可能涉及市场、资本等多个方面,从而为企业带来更广泛的发展机会和更深层次的合作潜力。同样,对于技术需求方而言,主动采纳外部技术是其战略重组的一部分,旨在提升企业的创新能力和加快市场响应速度。在当前快速变化的市场环境中,通过引入外部先进技术,企业能够更快地适应市场变化,实现产品和服务的创新,从而在激烈的市场竞争中脱颖而出。此外,技术需求方通过技术转移还能够优化其产品线和服务,满足消费者的多元化需求,进一步增强企业的市场竞争力(Hall et al.,2001)。总之,无论是技术供应方还是技术需求方,技术转移都是实现战略目标的有效途径之一。通过技术转移,企业不仅能够实现资源的优化配置和能力的快速提升,还能够在全球化的市场竞争中占据有利地位,实现可持续发展。

在技术需求方面,企业和组织正面临着一个由不断变化的产业界和市场环境所驱动的新时代。在这个时代,创新不再是一种选择,而是一种生存的必要条件。技术转移在这一过程中扮演着至关重要的角色,它为企业提供了接触和应用最前沿研究成果的宝贵机会,从而使它们能够应对不断升级的技术挑战和市场的演变压力。随着全球化的加速和信息技术的快速发展,企业必须迅速适应新的技术趋势,以保持其竞争力。技术转移使得企业能够快速获得创新技术,这些技术可能来源于专业的研究机构或是其他行业的先进实践。通过这一过程，企业不仅可以提高其产品和服务的效率和质量，还可以在市场中实现差异化，为消费者提供独特的价值。采纳新技术的企业能够在设计和实施产品及服务时，采用更加高效、环保和成本效益高的方法。这种差异化策略是企业脱颖而出的关键，它不仅有助于企业建立自身的品牌形象，还能够增强消费者的忠诚度。在今天这个消费者需求多样化和个性化的时代，能够快速响应并满足这些需求的企业将更有可能在竞争中取得成功。技术转移的另一个关键作用是促进企业内部知识的积累和创新能力的提升。企业通过引入外部的新技术，可以激发内部研发团队的创新活力，促进知识的交流和技能的提升，从而在未来的发展中形成自己独特的技术优势和核心竞争力。此外，技术转移还有助于企业优化其战略规划和市场定位。在一个快速变化的市场中，能够准确把握技术趋势和市场需求的企业，可以更有效地制定其发展战略，选择合适的市场细分和目标客户群体，从而实现更加精准的市场定位。总之，技术转移是企业创新和成长的重要驱动力。它不仅能够帮助企业更新技术，提升产品和服务的质量，还能够加强企业的市场竞争力和品牌影响力。在这个过程中，企业可以更好地适应市场的变化，满足消费者的需求，并实现可持续发展。因此，技术转移已成为现代企业战略规划和市场定位中不可或缺的一部分（Cohen et al.，1990）。

在市场压力方面，企业在全球化的浪潮和激烈的市场竞争中承受着巨大的压力，这种压力源自对持续创新和提高产品及服务竞争力的不断追求。市场的这种压力迫使企业必须不断地寻求技术进步，以维持或增加在市场中的份额。技术转移在这一背景下成为企业获取新技术、新工艺和新方法的关键途径，它不仅提供了应对市场变化和需求的有效手段，而且还是企业提升自身创新能力、保持市场领先地位及确保长期可持续发展的重要策略（Zahra et al.，2002）。随着科技的不断发展和消费者需求的多样化，企业必须采用更加灵活和前瞻性的方法来适应市场的变化。技术转移使得企业能够利用外部的创新资源，快速集成新的技术解决方案，从而在产品开发、生产过程优化和服务提供方面保持竞争优势。通过这种转移和应用新技术的过程,企业不仅能够提高效率、降低成本,还能够推出符合或超越市场预期的新产品和服务。此外,技术转移还有助于企业建立起更加强大的合作网络,通过与其他企业、研究机构和高等教育机构的合作,共享资源,加速技术的研发和商业化过程。这种跨界合作不仅能够为企业带来最新的技术见解和创新思路,还能够提高企业对市场动态的响应速度和适应能力。在全球竞争日益加剧的今天,企业的生存和发展越来越依赖于其创新能力和快速应对市场变化的能力。技术转移为企业提供了一个强有力的工具,以确保它们在这个快速变化的商业环境中不仅能够生存下来,而且能够持续发展和繁荣。通过不断地吸收和应用新的技术,企业能够不断地完善其产品和服务,满足消费者日益增长的需求,同时为自己在市场中赢得更大的份额。总之,技术转移是企业应对市场压力、实现创新和持续成长的关键。它不仅是企业获得新技术的渠道,更是企业提升竞争力、实现长期可持续发展的战略工具。在未来,能够有效利用技术转移的企业将更有可能在全球市场中占据领导地位,实现持续的成功和增长(Zahra et al.,2002)。

在政策引导方面,政府及其相关政策对技术转移活动的影响是深远和多维的。政府通过一系列的政策工具,如研发补贴、税收优惠、产业政策支持以及科技园区的建设等,能够有效地促进技术创新和科技成果的转化。这些政策措施的实施,不仅显著降低了企业在技术创新和转移过程中所面临的经济风险,而且还促进了知识产权的保护,为市场的健康发展提供了有力的支持。首先,研发补贴作为政府直接对企业技术创新活动的经济支持,能够激发企业的创新动力,减轻其在研发初期的资金压力。这种直接的财政支持,使得企业能够更加专注于长期的技术研发和创新,而不是仅仅关注短期的经济回报。其次,税收优惠政策,如对技术研发投入给予的税前扣除、对高新技术企业的减税等,进一步减轻了企业的经济负担,增强了企业进行技术创新和技术转移的经济可行性。这种政策工具不仅为企业提供了直接的经济利益,也体现了政府对技术创新活动的鼓励和支持。再者,产业政策的支持,通过明确的产业发展方向和优先发展的技术领域,为技术转移活动提供了明确的方向和目标。政府通过制定相关政策,引导资本和资源流向那些具有战略意义的技术领域和产业,从而加速了技术创新和应用的进程。此外,科技园区的建设为技术转移提供了物理空间和创新生态系统。科技园区内的企业不仅能够享受政府提供的各项优惠政策,还能够便利地与科研机构、高等院校等进行技术交流和合作,从而加速技术的转移和商业化过程。综上所述,政府通过实施一系列的政策措施,有效地促进了技术创新和技术转移,为技术创新提供了良好的外部环境,促进了知识产权的保护,加快了市场的发展。这些政策工具的实施,不仅有助于降低企业在技术创新和转移过程中的经济风险,还为科技成果的转化和应用创造了有利条件(Mowery et al.,1989)。

在社会文化层面上,技术转移远远超出了简单的技术和知识转让。它是一个深受社会文化因素影响的复杂过程。社会对知识和创新价值的认同程度、跨文化交流的开放性,以及组织内部鼓励创新的文化氛围,都是影响技术转移成功与否的重要因素(Saxenian,1994)。因此,企业在进行技术转移时,不仅需要考虑技术本身的适用性,还必须深入理解并适应目标市场的文化和社会环境。技术转移不仅仅是将一个地区或国家的技术成果搬到另一个地方,而是需要在此过程中考虑到接收方的社会文化接受度。例如,一项技术如果与目标社会的价值观和信仰体系不兼容,那么这项技术的采纳和推广就可能会遇到重大障碍。同样,如果一项技术与目标市场的现有技术基础极不匹配,那么技术转移的过程也可能非常艰难。此外,跨文化交流的开放性对于技术转移的成功同样至关重要。只有当两个不同文化之间能够开放地交流和分享知识时,技术转移才能够顺畅进行。这不仅包括语言上的交流,还包括工作习惯、管理风格以及决策过程等方面的交流。而组织内部对创新的鼓励和支持,可以为技术转移提供一个积极的环境,从而提高技术转移的效率和效果。企业在进行国际技术转移时,必须认识到每个国家和地区都有其独特的社会文化特点。这些特点可能包括消费者行为、商业习惯、法律法规、教育水平以及技术基础设施等。因此,企业在进行技术转移之前,需要进行充分的市场研究和文化适应性分析,以确保所转移的技术能够被目标市场接受并有效利用。在技术转移的过程中,企业还需要考虑如何通过教育和培训来提升目标市场的技术接受能力。这可能包括对接收方员工进行技术培训、提供技术支持以及建立服务网络等,以确保技术转移不仅仅停留在表面,而是能够深入目标市场的实际操作和应用中去。总之,技术转移是一个复杂的社会文化过程,它要求企业不仅要有技术上的准备,还要有文化和社会层面的深入理解。通过考虑到这些社会文化因素,企业才能确保技术转移的成功,并在全球市场中获得竞争优势(Saxenian,1994)。

综上所述,技术转移的动因是一个多维度的概念,需要从经济、战略、市场、政策和社会文化等多个层面进行全面的考虑。对于企业而言,技术转移是跨越技术壁垒、实现快速成长、维持市场竞争力的关键策略,同时也是响应市场需求和政策导向的重要机遇。对政府和管理部门而言,制定合理的政策和激励机制,可以有效促进技术转移的活跃度和效率,进而推动社会经济的整体发展和技术创新的可持续性。

2.1.2 技术转移的过程

技术转移作为国际化的概念,涵盖了国际合作和交流的广泛层面。它是一个在技术和专业性方面极为复合与深奥的领域。技术转移涉及的主要内容不仅包括了基础的科学知识,还涵括了实践中的技术成果、科技领域的信息互换以及科技创新能力的共享等方面。其方式多样,包括了转让、许可以及合作等不同形式,而在其中,许可和合作又可进一步细化为各种子类型。在法律层面上,技术转移的关键是围绕专利权这一核心的知识产权进行的转让或授权操作。考虑到技术转移过程中内容和形式的差异性与多元性,从概念层面上对其流程进行研究和观察是十分具有挑战性的。因此,深入探究技术转移的标准流程具有重要意义。我们需要拓宽视野,比较国内外在技术转移方面的经验和做法,以发现其普遍的模式和规律。这对于推动我国在技术转移服务领域迈向更加科学和有序的发展，具有不可估量的积极作用。我们必须认识到，深度分析并优化技术转移的流程对于激发创新、促进科学研究的成果转化为实际生产力，以及加强国内产业的国际竞争力有着直接且重要的影响。

2017年9月29日，国家质量监督检验总局、国家标准委批准发布《技术转移服务规范》国家标准，标准号为 GB/T 34670—2017。规范于2018年1月1日实施，是我国首个技术转移服务推荐性国家标准。

《技术转移服务规范》是一份详细规定了多个关键领域的文档，它全面涵盖了包括服务的范围、相关规范性的参考文件、专业术语及其定义、基本要求、标准流程、服务质量的评价与持续改进，以及技术转移服务的主要类别等多达12个章节的内容。此外，为了进一步指导实践操作，该规范还附带了5个附录，其中包括了技术转移服务的通用流程图、技术评价服务的具体流程图等重要指导资料。这些内容的编排旨在为技术转移服务的规范化操作提供清晰、系统的指导，以确保服务的高质量和效率，同时也促进了技术转移领域的规范发展。

2.1.2.1 技术转移过程

(1) 技术供给分析与盘点

从事技术转移项目的供应方，例如大学、科研机构以及技术所有者，对其所拥有的技术成果进行深入分析与定期审查是至关重要的步骤。这包括执行全面的调研活动以及搜集潜在需求，确保即将向公众披露的信息经过严格的审核过程。通过运用技术成熟度评估模型（TRL）、科技成果评价方法，可以针对预备进行转化的科技成果从多个维度进行评估，如技术的成熟程度、实施的可行性、潜在的市场和产业应用领域，以及保密要求等，以实现其分级和分类的高效管理。基于这样的评价和审查，进一步开展对科技成果的深度分析以及评估，并在此基础上构思和规划出一条或多条科技成果转化的潜在路径，为技术转移项目的顺利推进奠定坚实的基础。

在技术成熟度 TRL 分析模型中，普遍的认识是将此模型分为三个主要阶段：初期的理论探索与试验、应用性的研发活动阶段以及最终的技术部署阶段。具体来说，从 TRL1 级至 TRL3 级被视作理论研究与初步试验的阶段，这一阶段的核心任务是围绕技术的基本原理，构想出技术的实际应用可能性，同时对待开发的技术进行基础的研究探索和可行性分析。随后，TRL4 级到 TRL6 级标志着一个转向应用性研发的重要阶段。在这一阶段，研究人员通过执行更加深入的试验和细致的分析工作来验证其应用设想的可行性，并着手展开研发工作，以形成具体的成果示范；同时，对现有技术进行必要的改进。最后，技术实施阶段包括了 TRL7 级至 TRL9 级，这一阶段主要关注的是利用试制品或测试样件对产品或关键技术进行实验性的验证工作，从而为产品的进一步开发提供决定性的结论和支持。此外，此阶段还涵盖了对系统的调试及对各子系统的进一步实施与改进活动，确保技术能够顺利过渡到最终的应用与推广阶段。

（2）知识产权保护

在将技术成果正式向公众披露和推广之前，实施知识产权保护措施是必不可少的步骤。这包括对具有高价值的专利进行深度挖掘和布局、确立商标保护措施、维护版权和软件著作权、保护植物新品种以及集成电路布图设计等多个方面的权益，同时也涵盖了在国际范围内的知识产权布局和保护工作。对于那些不打算公开的技术秘密或业务流程（即所谓的 Know-How），采取严格的保密和合规措施也同样重要。除此之外，对于某些特殊类别的"技术"——比如拥有深厚历史和文化价值的老字号、地理标志产品、传统文化遗产、遗传基因资源等——制定出一套全面的知识产权战略规划和保护措施是至关重要的。这样的策略旨在全面保障这些独特资产的价值和长远利益。随着科技进步和创新成果的不断涌现，持续对新形成的科技成果进行全面的知识产权保护，以防守和加强其市场竞争力，成为一个长期且持续的任务。在适当的情况下，还会对相关技术标准进行研究和推广，以促进技术的广泛应用和产业发展，保障技术创新的成果能够得到有效的法律和市场保护。

(3) 商业计划与路演

为了最大化地适应技术转移项目的独特性,制定一系列量身定制的商业计划书变得至关重要。这些商业计划书应当根据项目的具体需求和不同场合的应用需求进行个性化设计,并在此基础上,探索并设计多样化的商业模式和转化途径,包括但不限于技术转让、授权许可、股权投资、校企合作、企业孵化、资金融资以及企业并购等多种形式。通过组织不同类型的路演活动——既包括私密性高的封闭路演,也涵盖旨在扩大项目影响力,吸引更多投资者或合作伙伴的公开路演和专场展示——以促进信息的均衡共享,帮助寻找与项目匹配的商业合作伙伴。对于那些要求保密度高并且已经有明确商业谈判对象的项目,私密性的封闭路演会更为适合。而对于希望广泛宣传、吸引投资或招商的项目,则更应考虑采取公开或专场的路演形式。实现信息共享和对称是这一系列活动的主要目标。值得注意的是,在这一系列步骤中,前三个阶段主要由技术供给方负责完成。在需要的情况下,可以寻求外部专业机构的协助,例如技术转移中介服务机构、技术经纪人等,以确保项目的顺利进行和最终的成功转化。

(4) 尽职调查与风险分析

在技术转移的过程中,了解和控制项目潜在的风险是关键一环。通常由技术需求方牵头,该方对项目潜在的各种风险进行详尽无遗的尽职调查,特别是针对关键技术的可自由实施(Freedom to Operate, FTO)情况进行认真的审核。这一过程包括风险识别、风险评估和风险防控的各个环节,旨在为技术需求方提供明确和客观的风险分析及商业化过程中可能面临的侵权风险。根据不同的风险分析结果,制定相应的预警系统和防控应急措施,进而提出具有客观性和可信度的建议,帮助技术需求方做出合理的商业决策。在国内,专业进行专利技术和技术秘密尽职调查的机构不多,这一现状在一定程度上增加了技术成果转化的盲目性和风险的不确定性。因此,建立一个全面的风险评估和尽职调查机制,对于保障技术转移的顺利进行和降低潜在风险有着举足轻重的作用。

(5) 价值评估

评估机构及其专业人员在对知识产权和技术成果进行评价时,会进行全方位的价值评估,涵盖了技术潜力、法律地位和经济前景三大核心维度。通过运用多种估值方法和算法模型,如成本法、市场法、收益法等,致力于确立技术成果的价值并生成一份具有参考价值的评估报告。这份报告将作为关键的参考文献,助力后续商业谈判的展开,为双方提供明确的价值判断依据。此外,除了核心的技术价值评估外,也会生产一系列辅助分析报告,包括市场调研、科技成果评价、风险调查、知识产权的详细分析和评议,以及技术实施的可能性报告等。这些丰富的谈判材料和数据,共同构成了一份完备的谈判资料包,为商业交易的双方提供了全面的信息支持和决策参考,以推动商业谈判顺利进行,并增强谈判成效。

(6) 商业谈判并促成

在商业谈判的整个过程中,包括准备、组织、推进以及最终的落实环节,不只是技术供应方和技术需求方会派出代表参与,他们还往往会携手聘请专业的谈判顾问或外部技术经理人来辅助进行谈判。这样做目的在于确保顺利促成商业合作。参与谈判各方的成员需要各自从己方的利益出发,展开精密而周密的商业交流。这包括但不限于策略制定、谈判技巧运用、灵活面对并解决谈判中的难题和挑战,以及遵循相关法律法规,起草出合规有效的合同文件,目标是实现互利共赢。值得注意的是,商业谈判遵循的流程和时长往往较长,且不确定性较大,失败的可能性相对较高,同时伴随着较高的商业回报和风险。因此,聘请具有专业技能和经验的人员参与成为一项必不可少的举措。尤其是在谈判进入决策和落地阶段,通常由技术需求方主导推进,而技术供应方则需要积极响应和配合。在必要的情况下,双方甚至可以考虑聘请外部的专业服务机构辅助进行,例如技术转移咨询机构、技术经纪公司等,以便更加高效和精准地完成谈判目标。

2.1.2.2 技术转移服务流程

综观国内外技术转移实践,技术转移服务流程大体可归纳为以下四个阶段：即启动阶段——对接阶段——谈判阶段——履约阶段。

第一阶段：启动阶段

在技术转移流程的启动阶段，技术转移中介服务机构开始接手技术持有方委托的技术输出需求，这是一个关键的前期准备阶段。在这个阶段，机构将与技术持有方进行深入的沟通，确切地了解和梳理其技术转移的具体要求和目标。此外，中介服务机构会对技术持有方提交的相关资料进行严谨的审查工作，包括但不限于技术文档、所有权和资质证明的审核。这一阶段的核心目标是为后续的技术推广及转移对接奠定坚实而细致的基础。评估团队会对这些资料进行全面的分析，确保所涉及的知识产权确权无误，且其法律地位有效无悖。接下来，评估团队将依据技术特点及市场前景对技术进行评估和评价，制定与之相匹配的商业策划方案。对于那些相对成熟或已有实物样品的技术，还将提供必要的可行性分析报告。这些准备工作是在走向市场和潜在合作伙伴之前必不可少的步骤，旨在保证技术转移进程的顺利进行，为进一步的商业化活动打下坚实的基础。

（1）初始诉求的详细交流

在该阶段，服务机构积极与委托方沟通，以准确把握其技术的核心信息及转让诉求的具体内容。委托方在此过程中对服务机构提供的服务范畴、质量标准及费用详情有了详细了解。此为构建初步合作框架和达成初步项目委托协议的关键过程。

（2）材料审核与资质验证

在本环节，服务机构对技术转移委托方所提交的技术文档和资质文件进行严格的审查，旨在验证其真实性和完整性。确保所有信息资料符合实际，准备工作无缝衔接。

（3）知识产权审查

委托技术的知识产权审查环节是整个准备阶段不容忽视的一部分。通过深入细致的审核过程，明确技术相关知识产权的所有权和法律地位。若所委托技术尚未申请专利，服务机构将依照有关技术秘密保护法律规定进行认真审核,并协助客户策划专利申请和布局。

(4) 技术评估与评价

在此环节,服务机构深度了解委托方的技术详情及其转让中的基本要求。委托方则对服务提供方的服务性质、质量规范及相关费用有一个全面的了解。最终目的是使服务供给方与需求方就初始项目委托达成一致,确保合作动向清晰,并建立相互信任和理解。

在我国关于技术转移的实际操作及其行业规范管理的背景下,"评估"与"评价"这两个术语经常被交替使用,边界并不明显。然而,从语义层面细究,二者存在轻微但关键的区别:评估更倾向于在项目启动前、项目决策前(当然也包括项目进行中和完成后)进行,重点在于提供咨询建议和决策依据,通常涉及对项目进行定量分析和价值估算;而评价则是一个全程过程,强调对项目从开始到结束的系统性分析,旨在得出一个全面而确定的综合结论。根据我国发布的《技术转移服务规范》,技术转移服务机构在制定技术转移计划时,视需求决定是否安排进行技术评价。所提供的技术评价框架针对技术价值、经济价值和实施风险三大板块,细化到21个不同维度。在技术转移的实际业务流程中,除了进行以定性分析为主的技术评价之外,对于专利技术进行价值评估也是出于实际和客观的需要。近些年,中国政府在科技创新政策上日益强调从宏观、中观到微观三个层次上加强科技成果的评价活动。这样做是为了更好地管理科技成果、辅助科学决策、推动成果转化以及提升技术转移的效率,把技术评估和评价当作优化科技成果管理的基石,同时也是创新服务链条中的一个关键环节。与此同时,技术转移领域的评估评价服务体系也在不断地建设和扩展之中,以适应行业的发展需求。

第二阶段:对接阶段

(1) 技术推广

技术推广包括两个重要渠道:线上和线下推广。线上推广活动运用各种数字化媒介和网络平台,涵盖了轮播推广、专题介绍、智能推送到搜索引擎优化等多种互动形式,由此形成一个全方位、立体化的推广矩阵。同时,还会利用媒体发布、科普文章等多种传播手段加大信息的辐射力。在这个信息爆炸、网络普及的新时代,线上推广已经转变为技术传播的强势引擎,并作为评估技术转移机构服务能力高低的关键指标之一。受推广的技术若达到一定级别的成熟度和市场潜力,便会植入成果库中,在这个不断服务的生态环境中享受到持续推广。这样的系统不仅遍及全球市场,还能通过智能算法精准地与潜在的全球性需求发生对接,实现技术供需双方的有效匹配。而线下推广,则是通过会议、研讨会、展览会等形式直接与潜在合作伙伴接触的策略,它强调面对面的交流和实时反馈。这种方式便于展示技术的实际应用场景,并促成直接的商业对话或合作洽谈,是不可忽视的推广方式之一。

线下推广主要呈现为精心策划的会展活动和各种形式的地面推广。会展推广的形式多样化,从规模宏大的综合展览会到主题明确的专题展会,再到针对特定行业的顶级峰会、以交易为核心的交易会、内容广泛的博览会以及直接面向潜在合作伙伴的对接会、洽谈会和围绕特定技术难题组织的招标会和专业研讨会等。而活动推广则包含了深入基层社区的"走基层"活动、区域性的巡回展览、行业内部的交流活动以及以特定成果或案例为中心的典型推广活动等。相较于线上渠道的广泛覆盖和速度优势,线下推广通过实体接触和现场体验,提供了更加个性化和具体的对接机会。它可以与目标受众进行更为深入的互动,并使交流的内容更为丰富和具体。对于那些寻求更有深度的市场和专业咨询的技术委托方来说,参加线下推广活动不仅是展示和推介自家技术的重要平台,更是一个进行市场调研、获取专家建议、聆听同行意见和观察最新市场趋势的宝贵机会。这样的实地经验为技术委托方带来关于技术创新和市场开拓的宝贵信息和启发,有助于开阔视野,捕捉更多合作和发展机遇。

(2) 需求搜寻

为了精确地匹配技术供需,高效的技术转移机构都配备了广泛而深入的技术需求数据库。这些数据库不仅按照行业和分类进行精细化管理，还会根据市场动态实时更新，以确保技术需求的实时性和精确匹配。技术转移委托成立之后，机构会优先利用这些资源库去搜索、匹配，并进而实现精准对接。

在技术需求征集方面，工作方式多样而高效：

① 互联网提供了多样化的线上技术需求征集手段，体现了高效率、迅速反应、灵活性、广泛覆盖和低成本等优势。② 线上开放式征集通过连通各类技术需求和行业审查的存在，确保了需求的准确性和去粗取精的过程。③ 在科技服务领域，机构间、政企之间依靠合作共享的方式，如通过线上联网共享的平台，充分利用市场需求资源互补性，扩大并共享市场资源，促成科技创新服务的多方共赢。④ 通过在线平台设立的难题招标窗口进行开放式招标，聚集和明确技术挑战，以此方式吸引和筛选最佳的技术解决方案提供者。⑤ 线下征集则更加注重合作与互动。一方面，通过政府部门或行业组织的合作项目和活动，如专业培训、专家巡讲等各种形式，搜集各企业具体的技术需求。另一方面，通过各种实地勘查、会展等活动进行需求征集，同时在这些活动中直接实现供需对接，如技术匹配会议、交流对接会和项目招商会等。这些活动不仅仅是收集信息的渠道，更是进行实质性商业对话和促进技术转移的有效平台。

（3）供需初步对接

供需对接无疑是技术转移过程中异常复杂、充满挑战且需要高度专业化操作的关键环节。

首当其冲的便是初始阶段的对接作业。在这里，我们面对双向寻找和匹配的任务：A. 从需求方的视角，他们会利用平台资源，寻找那些愿意接受接洽的技术提供方；B. 从平台的角度出发，通过维护的需求数据库以及其他诸如需求征集、搜索的手段，努力为技术提供方锁定那些有明确兴趣和意向的需求方。这一阶段还包括双方的互相考察与交流，使彼此对对方的技术、需求、潜力、诚意有更充分的了解。接下来，是洽谈意向的形成。这个阶段主要集中在详尽探讨技术转移的可能性,包括转让、授权或合作等不同的转移途径;商议双方可接受的价格范畴和交易条款。它需要通过层层的考察、交流、沟通环节来实现,最终形成一个双方都满意的合作基础。整体上,技术转移供需对接可以视为由三个主要阶段构成的流程:技术的广泛推广、目标需求的精准搜索以及供需双方的有效连接,或者可以理解为需求的发布、技术的查找、供需的精确对接这三个关键步骤。

① 技术推广阶段

在线上推广领域,技术的宣传和推广活动通常在不同的网络平台、专栏以及在线展示窗口中展开。这包括了动态滚动的推介、针对性强的专栏宣传、基于用户行为的智能推送以及利用搜索引擎优化等多元化的推广策略和手段。此外,还会借助媒体报道和科学普及文章等形式加大推广力度。在线上推广已经成为互联网时代内推广技术的核心手段,这不仅因为它契合当前的信息化、网络化发展趋势,而且它也成为评价一个技术转移组织专业能力高低的关键因素。级别较高的技术与专利资产会被纳入专门的成果展示库中,其后将通过多样化的渠道在全球范围内开展针对性推广,以智能方式针对动态需求进行有效匹配与对接。

在线下推广方面,则主要依赖于各式各样的会展活动及现场活动来进行。这包括了多种规模和主题的会展推广活动,如大型的综合性展会、针对特定主题的专题展览、行业顶级的峰会、以交易为中心的交易会、广泛的博览活动,以及专门为技术对接、洽谈合作以及探讨行业难题而设置的各类会议和研讨活动。除此之外,还有通过"走基层"巡展、互动性强的交流活动及特定主题的典型推广等形式开展的现场活动。与线上推广相比,线下活动展现出更高的针对性和深度,使得技术委托方能够通过参加这些活动,不仅有机会对市场进行深入了解,还能直接咨询行业专家,从而获得关于技术创新、市场开拓等领域更为丰富、实用的信息和成果。

② 需求搜索阶段

需求库匹配是科学技术服务机构加速创新进程和促进技术高效转移的

关键方法。只有那些具有雄厚实力的技术转移机构,才会维护一个规模庞大、分类精确、经过严格筛选并实时更新的技术需求数据库。当科技服务机构承接技术转移任务时,他们通常会优先在这一需求库中进行检索、匹配,以及最终的对接工作。

在需求征集方面,区分为线上和线下两种途径。随着互联网的高速发展,线上征集已展现出其效率高、速度快、反应敏捷、范围广和成本低的显著优点。

线上需求征集形式多样,涵盖了开放式征集、合作共享征集、招标式征集等多种形式。开放式征集不仅聚集了广泛的技术需求,而且通过专业的审核和筛选过程,保证了需求的精确性和质量。合作共享征集则主要通过线上平台,实现科技服务机构与政府或企业之间的密切合作,利用各自的市场需求资源进行交互,以此促进科技创新资源的互补和市场需求资源的共享和拓展。招标式征集通过在线平台的难题招标窗口开展,吸引大家广泛参与,旨在通过公开的招标流程找到最优秀的技术解决方案。

线下需求征集,则重点依赖与政府部门或行业组织间的合作协议。例如,通过与这些机构联手举办的培训和巡回展示活动,来收集和了解企业的技术需求。除此之外,线下需求征集还通过实地调研、会议展览等活动来执行,这些活动不仅是收集需求信息的渠道,同时也提供了一个供需双方即时对接和深入交流的平台,如技术对接会议、技术交流会和项目招标会等。

③ 供需对接阶段

供需对接环节在技术转移过程中是至关重要的,具有不可小觑的复杂性、挑战性以及专业性,它在很大程度上决定着技术转移的成败。

在初始的对接阶段,需要关注两个主要方向:一是需求方利用在线平台的资源,寻找并触达那些表现出意向和愿望进一步接洽的技术输出方;二是在线平台则使用它所积累的需求数据库,结合其他各类需求征集和搜索策略,以便为技术输出方精确地匹配到展现出兴趣的需求方。为了增强双方了解,还需要组织双向的考察和交流活动,以促进沟通和相互认识。

进入意向洽谈的环节时，需重点关注具体的沟通交流。这时候企业和技术提供者之间，会就技术转移的具体细节（如知识产权的转让、许可授权或者是合作开发）进行深入的讨论。同时，还将针对可接受的价格范围、交易条款等商务要素进行详细的探讨。此阶段涉及多层面的考察、洽谈和沟通来尝试达成初步的合作意向，为后续的详细谈判奠定基础。

第三阶段：谈判阶段

在双方建立了初步合作意向之后进入的这个阶段，通过技术经纪人或经理人的专业化中介服务，需求方与供应方进行多轮的深入洽谈、谈判和沟通。在这期间，双方将仔细讨论并最终确定合作的全部细节，包括但不限于技术的使用权、知识产权归属、价格设置、交易条款等重要合作要点，直到双方就所有关键问题达成一致意见，并共同签署一份最终确认的合同或协议文件。

这个环节所包含的内容及其影响要素极为庞杂和专业，是技术转移是否能够顺利进行和转移效率如何的决定性阶段。这一过程的复杂性不仅与技术本身的先进性、成熟度、潜在的市场价值、具体的权属情况以及相关的法律状况紧密相关，还与技术输出方关于转移方式的偏好选择和价格估计预期有关系。此外，技术经纪人或经理人的综合专业能力和丰富经验同样起到了至关重要的作用。在整个交易过程中，关于价格和交易方式的谈判往往是最为敏感、最具挑战性的环节。

鉴于技术转移项目的内容在供给方和需求方之间具有巨大的异质性，可以划分为多种类型，尤其是那些大型的技术转移项目，它们往往涉及实施复杂度高、协调难度大、转移周期长等问题。这个阶段的谈判需要历经长时间和复杂的轮次，因而需要具有高级专业技能的技术经纪（经理）人才能够有效地处理，同时也需要技术、法律、财务和管理等多方面的高层次专家参与其中。

第四阶段：履约阶段

在这个阶段，按照双方共同确认并接受的合同或协议文本，参与方不仅完成最终的正式签约仪式，还开启了合同履行阶段，并确保合同条款的有序履行及保护措施的执行。

具体到签约本身,这是一个必须按照法律规定和标准化流程严格执行的阶段,这一部分相对标准化且程序化,不必详细展开。而在履行合同的过程中,涉及确保各项协议条款得到严格的监管、处理可能出现的协议执行偏差、协调解决各类纠纷、应对争议事宜,以及提供必要的后续服务和支持。整个履约阶段的内容较为复杂,需要各方密切配合,并且往往需要专业知识和技能来应对各种挑战。

《技术转移服务规范》阐述的技术转让(比技术转移概念窄)服务流程主要包括:委托与受理、考察与评价、签订合同/协议、组织实施、服务总结、资料归档、跟踪服务、服务改进、争议解决等(其中的"考察与评价",主要指确定知识产权权属和法律状态等内容,不是指技术评价)。

对于制定技术转让合同服务项目的组织实施方案,《技术转移服务规范》要求包括如下方面:

① 为技术转让各相关方提供信息,可包括诚信调查,必要时,可组织考察。

② 必要时,安排技术评价;

③ 协助和监督技术转让合同的履行;

④ 协助调解合同履行中的纠纷;

⑤ 协助技术转让的实施;

⑥ 根据委托方的要求,促进项目的后续合作。

在合同履行的过程中,存在泄露机密信息、失信等违反契约的情形,还可能遭遇诸如突发事件或不可抗力等的复杂状况。这要求中间服务机构在整个服务期间内,负责协调处理合同执行过程中出现的各类问题,妥善解决双方之间可能出现的任何争议或问题。该阶段不仅考验中介机构解决问题的能力,更是对其专业水平和协调能力的重大考验。

2.2 成果转化的影响因素分析

在科技成果的转移与转化流程中,涉及的参与主体众多,这一过程通常是通过科技中介服务机构来实现。科技中介服务机构将科技成果从提供方传递给需求方，由后者对其进行进一步的转化应用。其中涉及的路径多样，包括但不限于技术转让、科技创新创业、初步实验（小试）、进阶实验（中试）以及最后的规模化生产等。

这一过程中的相关因素极为复杂，不仅包括供应方、需求方和服务提供方等直接参与者，还涵盖了科技成果本身（即客体）、政府的相关政策支持、科技工作者、创新资源、市场需求以及外部环境等多个方面的因素，后者包含机遇和挑战等变量。无论是科技成果的供给方还是需求方，要有效实施成果的转移及转化，都必须全面考虑上述诸多因素，其中包括激发各类参与主体的积极性、识别并捕捉机遇、积极面对和解决挑战、提升科技成果的技术成熟度、充分利用市场在科技创新资源配置中的关键作用、有效利用政府提供的各项支持政策，以及持续提升科技成果转移转化的效率和成效。见图 2-1 所示。

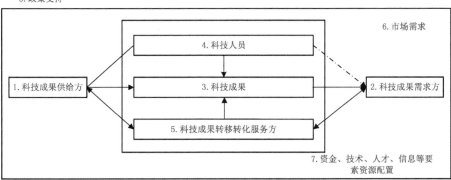

图 2-1　科技成果转移转化系统分析模型

简而言之，科技成果的转移与转化主要通过三种路径进行。首先，科技成果的供给方（可能通过服务方的协助）将成果转移到企业，由企业负责后续的转化工作；其次，科技人员可以通过兼职、创办自己的企业，或通过其他创业路径，转化他们的职务科技成果；再次，科技成果的完成单位、企业，以及那些负责初步实验、进阶实验和成熟化处理等的机构,将负责对科技成果进行进一步的试验和开发,进而提升科技成果的整体成熟度。

上述三条途径并不是相互独立的。例如:科技成果经中试熟化后,仍须由企业实施转化。无论哪一条途径,科技人员都须参与,只是参与程度不同。

2.2.1 科技成果质量

科技成果转移转化的客体是科技成果。科技成果的质量直接关系到科技成果转移转化的成效。主要有四个衡量科技成果质量的维度:一是技术水平;二是技术成熟度;三是知识产权保护程度;四是市场成熟度。

(1) 技术水平

科技成果的技术层次通常通过其科学属性、创新性、领先水平、技术复杂度以及是否可被其他技术替代等关键指标来进行评估。这些指标反映了科技成果研发过程中的深度与质量。通常情况下,高层次的技术研发工作具备显著的科学根基和高度原创性,能在现有技术领域实现划时代的跳跃,并且往往由于其独特性,难以被现有的其他技术所替代。如此高水平的技术研发成就,其在转移和转化时所具有的潜在经济价值也会更高。举个例子,山东理工大学的毕玉遂教授经过长期深入的研究工作,成功研发出了一种创新的无氟聚氨酯化学发泡剂。这份研究成果不仅展现了卓越的原创性和技术前瞻性,同时也证明了其不可替代性,由于其显著的商业潜力和技术优势,最终以 5.2 亿元的价格,被一家致力于新材料技术开发的公司获得了许可权。毕教授的这一成功案例,充分体现了高水平技术研发对科技成果转移转化价值的重要影响。

(2) 技术成熟度

美国国家航空航天局(NASA)将技术研发过程分为九个详细的成熟度水平,这一划分旨在更准确地评估科技成果从概念阶段发展到应用实施阶段的进展。而在创新理论模型中,"魔川—死谷—达尔文海"这一模型提出,将科研成果转化为商业产品的整个流程包含研究、开发、商业化及产业化这四个关键阶段。在科技成果转化的各个阶段中,所面临的挑战和需求是截然不同的,并且应对这些挑战所采取的策略和方法也各有差异。不管是采用哪种划分方法,具有更高成熟度的科技成果,在转化过程中面临的不确定性更小,因此承担的风险更低,与实现产业化的可能性及接近度更大。转化这样成熟的技术成果,其价值通常更高,所带来的转化效益也更显著;而成熟度较低的科技成果,则在转化过程中可能会遭遇更多的障碍和失败的风险,从而导致转化效果不尽如人意。

(3) 知识产权保护程度

当科技成果成功获得专利授权时,该成果的所有者便有权利通过多种途径进行成果的转移和转化,包括但不限于将其转让、提供授权许可,或者将其作为资本投入的形式。这些操作的价值,主要取决于该科技成果所具有的知识产权的价值,而这一价值的大小又是由该知识产权在法律上所获得的保护等级来决定的。相较之下,如果一个科技成果没有获得专利授权,那么其转化路径相对受限,主要可以通过技术开发合作、提供技术咨询服务或者进行技术服务等方式进行,这些方式通常不涉及知识产权的价值转移。因此,获得专利授权对于提升科技成果的转化价值具有关键性作用。

(4) 市场成熟度

埃弗雷特·罗杰斯(Everett M. Rogers)在其技术采纳的理论中,将技术的采用者根据他们采纳新技术的时间点分为五个不同的类别:创新者、早期采用者、早期大众、晚期大众以及滞后者。这些类别不仅在个体的开放性、接受新事物的愿望和能力方面有所不同,它们也象征着市场成长周期的不同阶段。具体而言,创新者、早期采用者、早期大众这三个群体分别对应着市场的潜在期、萌芽期和初期。而晚期大众与滞后者则代表市场进入了成熟期。在由早期采用者向早期大众过渡的过程中,存在一个显著的差距,即所谓的鸿沟,而这个鸿沟的具体大小则取决于市场的性质。对于全新的市场来说,这个鸿沟通常非常巨大;对于细分市场而言,其鸿沟较次之;而对于已存在的市场,这个鸿沟则相对较小。因此,科技成果转化的策略重点应聚焦于如何有效地跨越从早期采用者到早期大众之间的这一鸿沟。

为了实现科技成果的有效转化,必须首先对其目标市场的属性及类型进行深入的分析,从而了解该科技成果在市场中的成熟度。那些处于"潜在"与"萌芽"阶段的科技成果,由于其所处市场的成熟度较低,面临的不确定性较大,因此其转化效果并不理想。为了提高科技成果的转移转化效果,关键在于提升其在市场中的成熟度,成功跨越那个从早期采用者到早期大众之间的重要鸿沟。

2.2.2 科技成果转化方式

科技成果从研发阶段转移到实际应用阶段的成功与否,很大程度上取决于进行转化过程中所能够整合的资源范围以及整合这些资源的能力。换言之,能够动员和整合的资源越广泛、数量越丰富,其转化的效果通常越明显。在科技成果的转移转化过程中,一个关键的环节是需要实现成果的供给方与需求方之间的有效对接和合作,而中介服务组织在搭建这一桥梁上发挥着极其重要的作用。供给方和需求方之间的有效联动不仅仅体现在双方的互动模式上,还包括双方合作的深入程度、协同作业的密切程度等多个方面。这些联动方式和协同程度的不同,在很大程度上决定了科技成果转化的路径和模式。因此,在努力提升科技成果的转移转化效率和效果时,重视并优化资源整合的范围与能力、促进供需双方的有效沟通与合作,以及发挥中介服务机构的积极作用,是达成目标的重要前提和保障。《促进科技成果转化法》第十六条规定,科技成果持有者可以采用下列方式进行科技成果转化:

(一)自行投资实施转化;

(二)向他人转让该科技成果;

(三)许可他人使用该科技成果;

(四)以该科技成果作为合作条件,与他人共同实施转化;

(五)以该科技成果作价投资,折算股份或者出资比例;

（六）其他协商确定的方式。

> 采取自行投资方式的，因没有整合更多的社会资源，其成效取决于成果完成单位的投资能力和转化能力。

> 采取转让方式的，成果完成单位将科技成果转化转由受让方实施，成果转让之所以发生，是因为受让方比转让方更有条件并可更好地转化该成果，即其成效会更高，但又受限于受让方的转化能力。

> 采取许可方式的，可发挥许可方和被许可方的资源与能力，因而可充分实现该成果的价值。例如，某大学一项成果取得了近百项专利，先后许可100余次，获得许可收益10多亿元。

> 采取合作转化方式的，可发挥合作各方的资源优势，如果合作机制健全，则合作各方会形成强大的合力，转化成效也会比较高。

> 采取作价投资方式的，可充分发挥各投资方的优势，资源整合的范围和水平比转让方式对成果转化更有利，转化成效也会更高。

在科技成果的转移与转化过程中，关键在于能够最大化地利用参与各方的资源优势，同时，积极寻求政府政策的支持、市场资源的整合以及融资机会的争取。具备高效率的资源整合能力，意味着能够聚集更多的资源，这直接促进了成果转化的效果，并能显著提升其成效。为了获得更好的资源整合效果，通常会采用多元化的转化途径。这意味着，一项成果可能部分通过一种转化方式实现，同时其他部分则可能采用不同的方式；或者先后顺序地运用不同的转化手段。

选择科技成果转化的具体方式会受到众多影响因素的制约。例如，在同济大学与润坤光学的合作案例中，双方可以选择作价投资、技术转让或技术授权等多种合作方式。但是经过综合评估后，双方认为选择直接技术转让作为合作方式是最为合适，也是效果最佳的选择。如果选择作价投资，虽然潜在的收益可能更高，但这种方式所涉及的程序较为烦琐，可能会影响科研团队的精力，并可能对年轻科研人员的成长带来不利。而若是采取技术授权方式，虽然润坤光学能够使用该技术，但由于无法完全拥有相应的知识产权,无法按照要求申请高新技术企业的资格,也就不能享受国家或地方政府提供的相关政策扶持,这对企业的长期发展并不有利。正是由于这些原因,技术转让方式被认定为最简捷有效,既顾及各方利益又能确保成果高效转化的方式。

2.2.3 科技人员参与度

科技工作者无疑是对自身研究成果最为了解的人。他们不仅深知其研究成果的每一个细节,对其优势和潜在的不足都有着清楚的认识,而且他们通常都怀抱着一颗将研究成果变革为对人类有益的产品或服务的热切心。这种从事科研工作的热情和对成果的深入理解,使得他们非常愿意投入所需的时间和精力来推动科技成果从理论阶段向应用阶段的转化。科研人员是否积极参与到成果转化的过程中,这一点对成果转化效果的优劣起到了决定性作用。换句话说,能否有效调动科技工作者的积极性,激发他们的创造力和献身精神,对科技成果从研究阶段转移到市场,最终转化为实际应用的成功率有着重大的影响。因此,实现科技成果转移转化的高效和高质,绝不能忽视激励和利用好科研人员的积极性这一关键因素。科技人员参与成果转化,主要受三方面因素的影响:一是时间与精力分配;二是激励机制;三是参与方式。

(1) 时间与精力分配

科研人员的时间与精力是有限的,须进行合理分配,并注重优先次序。高校院所的科研人员都有本职工作,其首要职责是教书育人,其次是进行科学研究。科研机构的科研人员须做到《科技进步法》第四十八条第三款规定的"以国家战略需求为导向,提供公共科技供给和应急科技支撑"。针对科研人员如何处理履行岗位职责与实施科技成果转化之间的关系问题,2016年中共中央办公厅、国务院办公厅印发的《关于实行以增加知识价值为导向分配政策的若干意见》(厅字〔2016〕35 号)提出,科研机构、高校应优先保证科研人员履行科研、教学等公益职能;科研人员承担横向委托项目,不得影响其履行岗位职责、完成本职工作。如果科研人员采取兼职方式实施科技成果转化，该意见还提出，科研人员在履行好岗位职责、完成本职工作的前提下，经所在单位同意，可以到企业和其他科研机构、高校、社会组织等兼职并取得合法报酬。当科技工作者面临将研究成果转化应用与执行日常工作职责之间的矛盾时，他们首要的任务应该是确保本职工作的正常执行和完成。换言之，日常工作的责任和义务不应因投入成果转化活动中而受到影响。然而，在满足日常职责的情况下，如果科技工作者发现自己难以同时兼顾成果转化的工作，他们则有机会通过申请暂时离开原有职位的方式，专注于以创业的形式来促进科技成果的转化应用。这样的举措可以允许他们更专心于将研究成果转化为实际工业或商业产品，同时也确保了岗位职责不会因为成果转化工作而遗漏或忽视。

（2）激励机制

《科技进步法》《促进科技成果转化法》规定了科研人员实施科技成果转化可以获得现金或股权等奖励，《关于实行以增加知识价值为导向分配政策的若干意见》实行"三元"薪酬结构，科技成果转化收入是其中一元。人力资源社会保障部、财政部、科技部印发的《关于事业单位科研人员职务科技成果转化现金奖励纳入绩效工资管理有关问题的通知》（人社部发〔2021〕14号）规定了政策执行口径，保障了科技成果转化奖酬金分配政策落实到位，以充分保障科研人员的合法权益，使其名利双收。例如，同济大学以3 800万元将激光薄膜技术成果转让给润坤光学，并将70%的转让金即2 660万元奖励给科研团队。

（3）参与方式

不同的科技成果转化途径都需要科研人员的直接参与和贡献。科学家和研究人员可通过多种形式深度参与到科技成果转化的过程中，包括但不限于全职投入、兼职参与、在原有职位基础上进行创业活动，甚至暂时离开常规岗位，专门致力于创业工作，以实现科技成果的商业化或实用化。当高等教育机构和科研院所考虑通过技术转让、许可协议、协同合作或作价投资等多样化方法来转化所属的科技成果时,涉及的科研人员必须积极承担起他们在合同中同意的职责,例如提供技术指导、进行必要的培训、参与后续的研究和开发等。同时,当学术机构与企业界签署技术开发、咨询及服务相关的合同时,科研人员应当遵守合同规定的条款,履行他们的合同义务,保证科技成果转化活动的顺利进行。所以无论采用何种方式,科研人员的专业知识和技术专长是确保成功转化科技成果的关键。

《科技进步法》《促进科技成果转化法》《关于实行以增加知识价值为导向分配政策的若干意见》等都对科技人员兼职、离岗创业等作出了规定,以畅通科技人员参与科技成果转移转化的渠道。《科技进步法》第六十条第二款规定:"利用财政性资金设立的科学技术研究开发机构和高等学校的科学技术人员,在履行岗位职责、完成本职工作、不发生利益冲突的前提下,经所在单位同意,可以从事兼职工作获得合法收入。"《促进科技成果转化法》第二十七条规定,国家鼓励高校院所"支持本单位的科技人员到企业及其他组织从事科技成果转化活动"。人力资源社会保障部先后印发了《关于支持和鼓励事业单位专业技术人员创新创业的指导意见》(人社部规〔2017〕4号)和《关于进一步支持和鼓励事业单位科研人员创新创业的指导意见》(人社部发〔2019〕137号),支持和鼓励事业单位专业技术人员兼职创新、在职创办企业、离岗创新创业。

同时,《科技进步法》和《促进科技成果转化法》规定了科研人员应当履行的职责和义务。《科技进步法》第六十二条第二款规定:"科学技术人员应当信守工作承诺,履行岗位责任,完成职务或者职称相应工作。"《促进科技成果转化法》对科研人员作出了以下规定:一是科技成果完成人或者课题负责人,不得阻碍职务科技成果的转化,不得将职务科技成果及其技术资料和数据占为己有,侵犯单位的合法权益;二是遵守本单位的技术秘密保护制度;三是不得将职务科技成果擅自转让或者变相转让。科研人员须严格遵守上述规定。

综上,法律文件和中央文件均对科研人员参与科技成果转移转化作出了明确规定,但关键在落实。落实得如何,直接关系到科技成果转移转化成效。就目前而言,政策落实力度仍须加大。

2.2.4 其他影响因素

影响科技成果转移转化成效的因素有很多,如市场需求、要素资源配置、政策支持和外部环境等。

(1) 市场需求

科技成果的转化过程不仅是促进生产力水平提升的重要经济活动,它还具有双向作用的特点。一方面,通过科技成果的有效转化,可以直接解决影响生产力发展的多种问题,如对生产资料的完善、生产方法的优化、劳动者技能的提升等,从而促进生产力的整体水平提高。另一方面,随着生产力水平的不断发展,社会对于新技术、新产品的需求也越来越旺盛,这为更多科技成果的转化与应用提供了广阔的市场空间和需求基础。企业在将科技成果转化为具体产品或服务的过程中,其驱动力主要来源于市场需求。这些需求可能是明确且具体的,例如特定客户的特定需求,这时候客户可以直接参与到成果转化过程中;也可能是尚未完全显现的潜在需求,在这种情况下,企业通过市场研究、产品创新和营销策略的引导和激发,可以将这些潜在需求转化为实际购买力。因此,企业在科技成果转化的过程中,需要充分理解和捕捉市场需求,无论是现实的还是潜在的,将其转化为驱动科技成果成功商业化的动力。

科技成果的转化不仅能够促进市场需求的形成,还能主动引导和创造出全新的需求。以5G技术为例,它不仅将通信领域从以人为本扩展至人与物共中心的全新领域,同时也标志着从消费导向型的互联网过渡到生产导向型的互联网。这种转变为许多未被探索的应用场景提供了可能性,从而创造出巨大的市场需求。科技成果的转化过程中,还具备不断降低生产成本、提升产品质量的潜力,这一点对于扩大现有的市场规模至关重要。以同济大学与润坤光学之间的合作为例,通过将激光薄膜技术成果转让,润坤光学得以制造出高性价比的产品,成功替代了市场上国外品牌的相似产品,这充分反映了科技成果转化在提高产业竞争力、推动市场扩容方面的作用。此外,科技成果的转化还有助于改善产品的品质,丰富产品的种类,进而满足市场上多样化的需求。以电动汽车为例,虽然它们目前还不能完全取代传统的油气驱动汽车,但为消费者提供了新的选择,满足了对环保更为友好、技术更为现代的交通工具的需求。短期看来电动汽车为市场增加了新的种类,长期来看还可能促进传统汽车产业的技术革新和市场调整。

无论哪一种类型的市场或客户,企业家投资转化科技成果,都需要具备对市场需求的敏锐嗅觉。不过,客户的需求受宏观环境影响较大。"十四五"规划提出以创新驱动、高质量供给引领和创造新需求,加快构建以国内大循环为主体、国内国际双循环相互促进的新发展格局,并提出了一系列措施以加快培育完整的内需体系。《科技进步法》第三十五条规定:"国家鼓励新技术应用,按照包容审慎原则,推动开展新技术、新产品、新服务、新模式应用试验,为新技术、新产品应用创造条件。"从这些规定来看,国家宏观环境对科技成果转移转化是非常有利的。

(2) 要素资源配置

科技成果的转移与转化本质上是一项复杂的经济活动,不仅包含了生产、供应以及销售等众多关键环节,还牵涉到了人力、资本、物资等多方面资源的有效配置。特别是金融资源的支持,对于科技成果的成功转化具有不可忽视的重要性。因此,在科技成果的转移与转化过程中,必须对资金的筹集、技术的支持以及人才的吸纳与培养等方面进行全面而深入的规划和布局,确保有充足的资金支持,能够为科技成果的转化提供必要的经济保障,从而加速其从理论到实际应用的过程。同时,技术支持也是不可缺少的一环,它确保了科技成果在转化过程中能够持续创新,适应市场的需求变化。除此之外,人才的引进与培养对于提高科技成果转化的效率和质量同样至关重要。优秀人才不仅能够为科技成果转化提供新的思路和方案,也能带来高效的执行力,这对于科技成果的转化成功至关重要。因此,科技成果转移转化过程中的资金筹措、技术支持和人才战略规划,是支撑其成功实施的关键因素。《科技进步法》对创新资源配置作出了多项规定:

一是充分发挥市场配置创新资源的决定性作用,更好发挥政府作用,优化科技资源配置,提高资源利用效率和促进创新要素有序流动(第四条);

二是促进各类创新要素向企业集聚(第三十九条);

三是发挥资本市场服务科技创新的融资功能(第四十二条第三款);

四是利用财政性资金设立的科研机构应当建立健全科学技术资源开放共享机制,促进科学技术资源的有效利用(第五十四条第一款);

五是各级人民政府和企业事业单位要为科学技术人员的合理、畅通、有序流动创造环境和条件(第六十一条);

六是科学技术人员可以根据其学术水平和业务能力选择工作单位、竞聘相应的岗位(第六十二条)。

只有落实上述规定,才能促进科技创新资源流向企业,从而支持科技成果转移转化。

(3) 政策支持

科技成果转移转化有较强的溢出效应,可以促进整个社会福利的增加,因而政府应制定积极的财税金融政策予以大力支持。"十四五"规划、《科技进步法》和《促进科技成果转化法》等均提出了支持科技成果转移转化的政策措施。《科技进步法》第七十二条规定,县级以上地方人民政府应当为促进科技成果转化创造条件。《促进科技成果转化法》第五条第一款规定,国务院和地方各级人民政府应当加强科技、财政、投资、税收、人才、产业、金融、政府采购、军民融合等政策协同,为科技成果转化创造良好环境;第三十四条规定,国家依照有关税收法律、行政法规规定对科技成果转化活动实行税收优惠。例如,润坤光学在转化激光薄膜技术成果时,获得了张江重大专项的资助,并可申请高新技术企业认定和上海市高新技术成果转化项目认定,享受人才引进、职称评审、财政资助等政策优惠。由此可见,充分运用各项扶持政策,可提高科技成果转移转化成效。

（4）外部环境

科技成果转移转化可能会受到政治、经济、社会、文化等外部环境的影响。外部环境对成果转化是否有影响、有多大影响？针对这些问题要进行具体分析与研判。"十四五"规划提出我国发展环境面临深刻复杂变化，主要表现为国际经济政治格局复杂多变，世界进入动荡变革期，单边主义、保护主义、霸权主义对世界和平与发展构成威胁，同时，由于创新能力不适应高质量发展要求，进而提出准确识变、科学应变、主动求变，善于在危机中育先机、于变局中开新局的应对策略。例如，激光薄膜技术成果转化案例发生在美国挑起中美贸易战之时，激光薄膜技术可替代进口产品，其成功转化恰逢其时。

2.3 技术转移与成果转化的关联机制

在当今的经济环境下，技术转移与成果转化是科技创新体系中至关重要的两环，它们各自履行独特而又互补的功能。技术转移主要描述的是技术由其原创者或拥有者转交给其他个体或机构的过程，这一过程的核心在于知识、技巧以及技术的高效转移和应用。而成果转化则涉及把科研成果投入实际生产过程或市场之中，其主要目的是实现科研活动的经济化和社会价值化，将科研成果转变为具有实际效益的产品或服务。尽管技术转移与成果转化在概念界定和表现形式上存在差异，但它们之间紧密相连，并且相互作用，在促进创新进程、加速经济增长与社会发展等方面扮演着不可或缺的角色。为了加深对这两个关键环节之间区别与联系的理解，探讨其背后相互作用的机制至关重要。这不仅能够提供对科技创新过程更为深入的见解，还能够有助于优化整个创新体系的结构，从而提升科技成果转化为经济增长动力的效率和价值。通过系统化地分析和优化技术转移与成果转化之间的相互关联，可以更有效地促进科技成果的实用化和市场化，为社会和经济发展注入新的活力。

2.3.1 技术转移与成果转化的区别

技术转移的含义根据不同的视角,可以展开成为多种深入的解读。其中一个重要且广泛认同的观点是:在特定的组织结构中,技术转移密切相关于技术的初创阶段和随后的交付过程,这整个过程可以被认为是一条连续的流程。在这个流程中,不仅包含了原创技术和多种相关技能的有序融合,还涉及这些技术知识的传递和分享。只有当这些技术与知识被接收方完全吸收并且被应用于实践中,这一过程才能被真正称之为技术转移。因此,技术转移的内涵可以被理解为:在不同的利益相关者之间,发生了技术所有权和相应使用权的转让。这种被转移的对象具有明确的商品特性,且其本质是技术性质的。

这种解释强调了技术转移不仅仅是技术本身的简单移动,它更是一种包含了知识传播和能力转化的全面过程。在这一过程中,技术的原创者与接收方之间的互动,以及技术知识如何被接纳和应用,均是衡量技术转移成功与否的关键因素。此外,它也揭示了技术转移在促进知识共享、推动新技术应用和创新上的重要作用。通过这样一种全面且深入的理解,我们不仅能够更准确地把握技术转移的本质,还能更有效地设计和实施技术转移策略,以促进科技成果的广泛应用和社会进步。

在探讨技术转移的过程中,识别参与转移的主体显得尤为重要。通常情况下,对于一个特定的技术,持有其所有权并能够进行使用权初始转让的主体被赋予了特殊的角色。这些角色分为技术的输出方和接收方,均构成了技术转移活动中的关键主体。技术接收方通常包括负责开发的团队、发明者以及拥有该技术的实体,这些主体在技术转移过程中扮演着关键的角色。他们对转移流程的影响至关重要,包括决定转移路径、采取的措施以及转移对象的选择。然而,在这一过程中,技术接收方通常处于被动地位,面对梯度差异和技术水平不平等的挑战。这种显著的差异为技术转移的方向和流向设定了明显的等级,若转移成功,则有助于缩小这种差距,引入创新技术。

从技术转移的流程角度审视,该过程的抽象性以及涵盖的多种解读使其复杂度增加。技术转移过程中,双方即技术的提供和接收方,展现了多样化的偏好和趋势,导致转移过程相对复杂。为了精确剖析和识别技术转移的流程,必须采纳多层次的视角,以便对该过程进行详尽的描述。在宏观层面,技术转移涉及技术的所有权和使用权的双重变动,反映了位置和空间关系的变化;而在微观层面,它融入了科研成果的创造、技术的应用实践。深入分析,还涉及产品测试阶段、商品化进程、创新与技术体系之间的互联及跨越,以及技术的扩散等方面。

技术转移有多种形式,如技术的人才、资金、市场、知识产权的转移等。而目前最常见也是最主要的技术转移形式是产学研合作:即技术知识从高等院校和科研院所向企业转移的过程,就是技术转移的过程。我国的技术转移过程归纳如图 2-2 所示。

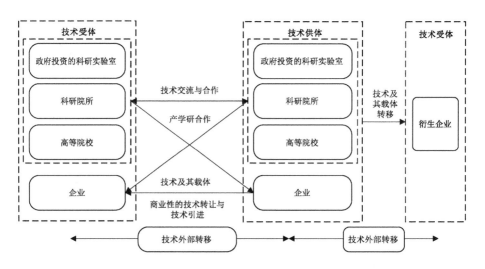

图 2-2 产学研合作技术转移过程形式

科技成果转化,归属科技工作特有的范畴。成果转化本质,是技术路径内的企业创新,新颖技术开发不可脱离这样的转化,成果转化紧密衔接着初始的科研、后续产出流程,这类转化涵盖着知识商品,在市场上售卖这样的商品，它凸显了经济的特性，拥有内在规律。

科技成果转化的本质在于，它是一个包含多个步骤的集成过程，涉及从成果的初步应用、工艺技术的转变，到其在市场上的推广采纳，以及商业化进程中产业结构的演变。综合各种观点，可以清楚地认识到：从一个广泛的角度来看，科技成果的转化包括了理论研究成果的实际应用、软科学研究领域取得的成果及技术的具体运用。这个转化过程既在理论层面进行，也在实践层面实施，涵盖了较为专业化的领域内的成果转化。

当我们尝试从主体和客体的角度识别科技成果时，科技成果能包括纯理论的成果、富有实用特性的创新技术，以及基于软科学研究的成果。建立起一个高效的转化机制，参与日常的科技成果转化，这一过程涉及三个关键主体：输出成果的供应方、作为接收者的受体，以及推动整个转化过程的政府和相关机构。

在常规的科技成果转化活动中，供应方通常具有明确的身份和角色，代表着研究院所、高等教育机构的研究部门及设立的实验室等。与技术转移不同的是，科技成果转化过程中的供应方和接受方之间，并不总是存在明确的主导和从属关系。

观察科技成果转化的历程，通常能看到它包括了成果的应用路径、后续的进化过程。这其中包括权能的转移、在商品化过程中的产业发展。转化这一环节反映出参与方相互之间的作用、相互整合，牵涉到研究机构、区域内的院校、接受成果的企业以及它们的流动和衍生过程。政府可以提供助力，通过提供资金支持和政策指导，建立一种多方位的支持和协调架构。同时，中介作为第三方参与者，建立供需平台，提供多层级的服务和指导，以提高转化的效果。要建立转化机制，最关键的是找到最合适的路径和模式，这不仅涉及双方的协作，还要平衡多方的利益。

商业转让是技术成果转化的一种常见形式。在该形式下，技术成果的供应方通过商业化渠道将研发中得到的成果转让给接收方，并收取相应费用。在此过程中，不同种类的产品和财务资源被交换。完成交易后，原先双方间的联系也相应解除。在产学研的合作模型中,某些研究机构展示了其在研发方面的特有优势,而其他的可能在技术实施和人才培养方面显得更为出色。在紧密的合作关系中,合作的时间线得到了扩展,双方的关系变得更为紧密。

对于衍生企业,它们也可以成为科技成果转化的接收方。这种转化方式具有直接性的优点,可以迅速地将预先定义好的成果转向其控制的企业或其他法人实体。企业往往位于研究机构的周围区域,与供应方共享相同的利益追求。在供应方中,成果经过层层深入的开发应用,在转化过程中会经历初步测试、后续的正式试验、产业化及商品化的步骤。转化过程是一个不断地技术扩散、研发新技术的连贯阶段。"转"在这个过程中体现了技术成果的空间位置转移,"化"则描述了成果性质的本质改变。

科技成果转化包含三个主要的行动体:一是提供科技成果的供体,比如科研机构;二是接纳这些成果的受体,比如高新技术企业;三是政府及其相关机构,它们在科技成果转化过程中扮演领导者和推动者的角色。

所有这些环节和进展都构成了科技成果转化的完整图景,如同图2-3所示,描绘了从初始研发到市场应用的全貌。

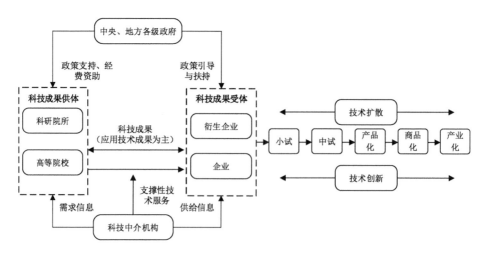

图2-3 科技成果转化过程图

综合来看，技术转移和科技成果转化的区别主要有以下几种：

(1) 范畴的差异

与科技成果的转化相比，技术转移触及的范围更加广泛，它涉及更多的主体与客体。在参与者的类型上，技术转移不仅涉及接收和提供技术的实体，也包括具有法人资格的组织和自然人，其中可能包括大学、领先的科研机构、各类地区性企业，甚至还涉及国家级实验室的参与。而科技成果转化则更多聚焦在垂直层面的改变上。从空间的角度审视，成果转化被定义为一种基石和起点；而从时间的流程来看，它是一个由起始阶段向持续阶段甚至最终目标的跨度，这一延展是目标实现的必然路径。如果仅仅是位置的变化，未伴随本质的改变，则不能被称作是真正的"转化"。简而言之，科技成果转化和技术转移在参与者的多样性和过程的广度上有着显著差异。成果转化强调的是一个由理论到实践的转变过程，它要求成果的本质、应用场景全方位的更新，否则不能被框定为转化。这种变化指的是一个复杂且有机的进程，它包括了成果的实用化、市场化和产业化等多个环节。

(2) 角色的差异

在技术转移的过程中，角色的可互换性是其显著特点：供应方和接收方之间可以进行角色转换，从而促进双向的沟通与协作。这种模式允许技术及其载体之间的动态互动，为技术转移的双方——即技术的提供者和采纳者——提供更多角色交换的可能性，从而增加了互动频率。相比之下，在科技成果的转化过程中，角色切换发生的情况较少。技术转移往往涉及更为宏观的交易和沟通，这包括双向路径上的相互连接和交流，技术及其相关载体能够在此过程中实现彼此之间的互动。因而，技术转移过程中的供应方和接纳方经常会发生角色的替换，以适应不断变化的合作和需求环境。对于科技成果转化而言，通常是指从研究机构创造的科技成果向企业的单向转化过程。尽管这种流程为商业化和工业化铺设了路径，但来自企业对研究机构的反向技术或知识传递依然不那么普遍。这种单向流动虽然可以推动研究成果的应用和推广，但同时也限制了科学与产业之间可能的更为丰富和多元的互动。因此,尽管科技成果的转化对于知识的商业化和实践应用至关重要,它在促进供应方和接纳方之间的双向交流和角色互换方面,相比技术转移则显得有所不足。

(3) 传递空间差异

技术转移的过程由市场的需求和规律所主导,其市场化程度往往超过了单纯的科技成果转化。从宏观与微观的层面来看,市场作为基本的导向机制,起着技术调整和优化的杠杆作用。市场通过对各类技术,无论是卓越的、成熟的抑或颇具创新性的技术的筛选和接纳,引导资源配置,以求达到最大的经济效益。无论是基于货币交换的有偿交易,还是出于非商业目的的无偿交流,市场交易往往涉及金钱利益及其他相互关联的利益。在此基础上,相比之下,科技成果的转化通常更多发生在组织内部,例如研究机构、大学等。这种内部导向的调配过程受限于较为狭隘的领域,主要围绕将专业知识和研究成果转换为更高层次的应用,以展现其最佳的实用价值和效能。在转化科技成果时,目标往往是提取成果中的精髓,并将其发挥至极致,确保这些成果在实用性和优越性方面得以凸显,满足特定领域的需求和标准。

(4) 时空轨迹差异

在探讨技术转移和科技成果转化时,我们发现虽然两者在整体的动态过程中均包含了双向流动的特性,但它们所展现的时空轨迹却各具特点。这种流动不仅沿着空间轴线展开,涉及众多参与主体和多种不同领域的成果,也沿着时间轴线进行,从一个特定阶段向另一个阶段跳跃。具体而言,科技成果转化的特点主要体现为沿着时间轴的垂直跨越,即在不同时间段内发生质的飞跃,而如果仅仅是位置的变动,未伴随深刻的性质改变,则不能算作真正的转化。此过程突出了从原始成果向更高形态变迁的单向流动,重点在于成果的层级提升和实用化阶段的到来。而技术转移,在时空维度上呈现更为复杂的特征。它不仅覆盖跨国界的广泛空间,甚至在单一国度内的多个地区之间也能进行,展现了空间维度的广阔跨越。在时间维度上,技术转移则体现为技术的持续演进、产品化过程的实现,以及随着时间进展而促成的技术更新和迭代。这一过程综合了时空的双重跨度,更侧重于技术的广泛传播和应用,以及随时间发展而产生的技术迭代和创新。总而言之,技术转移与科技成果转化在动态流程上虽共享双向性特征,但各自在时空轨迹上展现出独特的差异性。一个着眼于成果的层次提升和深度应用,另一个则关注技术的空间传播与时间演化,两者都对科技进步与应用产生深远影响。

(5) 市场化程度差异

技术转移在市场化进程中表现出的活跃度,显著高于科技成果的转化。市场不仅作为推动技术转移的关键动力,还调节着这一过程,它通过影响和控制成熟和实际应用的技术同新技术、新工艺和新方法之间的流动,在国际和国内层面促进技术的移动。这种动态大多呈现为交易的形式,显示了市场在调配技术资源方面的决定性作用。与此形成鲜明对比的是,科技成果的转化过程主要集中在特定国家的内部,涉及科技成果的再分配及其进一步的转化。这一过程更多关注于在较小的区域范围内,通过专业化和实用化的手段,提升科技成果的价值和效益,其不那么强调跨国界的交流与贸易,而是注重于在国内层面上对科技成果进行深化和应用。简而言之,技术转移的市场化特征强调了技术在全球或国家间的流动和交易,而科技成果转化则侧重于在国家内部,通过深入的专业化和实用化过程,对成果进行升华和价值提升。这两个过程虽然有着不同的侧重点和应用范围,但都是推动科技进步和创新的关键途径。

(6) 主客体范围差异

技术转移相较于科技成果转化,其参与主体和客体的覆盖面要更为广泛和多元。以一个具体的例子来说,技术转移可能意味着一种经过验证的技术从一个企业(A企业)转移到另一个企业(B企业),或者在同一企业集团内部,从母公司转移到子公司。在这个过程中,参与方可能涵盖各类企业和机构,其范围非常广泛。反观科技成果转化,则更加聚焦于科研成果的应用和商业化。这一过程的供给方主要指的是科研机构、高等教育机构、国家级实验室,以及一些企业的研究与发展部门等,它们是科技创新的源泉。需求方则主要是那些寻求利用这些科研成果的企业,或是与这些科研机构紧密相关、由其孵化的衍生企业。至于技术转移所涵盖的客体,不仅包括科技成果本身,还可能涉及相关的信息、技能或其他形式的知识资产。总的来说,技术转移的参与方从大型企业到小型公司,从国际集团到本土研究机构,都有可能参与其中,其覆盖的范围和深度更为广泛。而科技成果转化则更专注于从研究成果到实际应用的过程,涉及的主体和客体较为特定。两者虽然在目标和过程上存在区别,但都是知识和技术流动、应用的重要环节。

2.3.2 技术转移与成果转化的关联

科技成果转化和技术转移虽然是本质上完全不同的概念,但是在实践中两者通常是相互交叉、相互包容的过程。

产学研合作模式往往同时涉及技术的转移和转化。在这个过程中,企业致力于从高校和研究机构获取先进技术,目的是借助这些技术实现产品和服务的升级,从而增加公司利润。相反,高校和研究机构也渴望将其科研成果转化为商业产品,以此带动科研资金的增长,加强科研成果的应用价值。在这种合作中,各行为主体虽利益不同,但实现利益最大化的途径均离不开技术转移的桥梁作用。然而,高校和研究所拥有的技术有时虽然商业价值潜力巨大,但可能尚未成熟,或需经过调整以符合企业特定的生产与工艺需求。这种情况下,科技成果的转化变得尤为重要,因为它涉及将科研成果转换成实际生产力的过程,也即是将理论研究成果转变为可以直接应用于生产的实用技术或产品的过程。在产学研合作框架下,不论是高校还是研究机构,它们进行技术转移的最终目的是确保科技成果的实际应用,而技术的转化则是这一目标实现的关键手段。如果没有科技成果的有效转化,企业无法采纳这些研究成果,高校和研究所也难以从中获得商业上的回报。因此,在产学研合作模式下,技术的转移和转化共同作用,共同推动着科技成果的实际应用和产业化进程。

在产学研合作模式中,企业追求的核心目标始终是技术转移,即将高校和科研机构的技术成果落实到自己的业务中。然而,企业所期望的并非任何技术,而是那些经过充分验证的成熟技术、具有实际应用价值的技术,以及那些能够显著增加市场份额、降低成本并最终促进利润增长的技术。基于这样的需求,高校和科研机构需要将尚处于概念阶段或实验室阶段的技术转化成为可商业化的成熟技术,使之能够在市场中广泛应用,这是企业愿意为技术转移买单的前提。因此,正是企业对实用且经过验证的技术的持续需求,促进了高校和科研机构对科技成果的转化工作。在某些情境下,由于企业在应用研究领域的专长和优势,科技成果的转化工作可能由产学研三方共同进行,有时甚至主要由企业来推进。这样,技术转移和科技成果的转化便形成了一个互相促进、密切协作的连续流程。

从另一个角度看,高校、科研所与企业在技术转移的过程中,从表面上看似乎是立场相反的利益相关方,他们在技术的价值和转移条件上进行讨价还价。然而,从科技成果成功转化并实现有效技术转移的角度考虑,这些不同的主体实际上拥有共同的目标。为了实现这个目标,他们需要相互协作,完成科技成果的转化。在这一过程中,成本与收益的平衡及其内部分配成为了这些行为主体能否在共同利益框架下达成一致的关键。这种合作不仅促进了技术的实际应用,也为各方带来了实质性的经济收益。

从政府这一宏观管理者的视角出发,其推动产学研合作的根本目的在于促使高等教育机构和科研机构的研发成果能够被转换成具有实际应用价值的生产力,即将实验室内孕育的科学发现转化为推动社会经济发展的实际动力。由于在具体实施层面,不同的微观主体(例如企业、高校、研究所)之间存在着各自的利益诉求,这就使得科技成果的转化过程不能单纯依靠过去计划经济体制下的行政命令来实现。相反,这一过程需要通过平衡和协调各方的利益关系来进行。

在这种背景下,构建一个功能完备和高效的技术市场,以及培育一支专业的技术转移中介队伍,成为政府所迫切需要解决的问题。借助市场机制和技术交易的手段,可以有效调控技术转移的方向和流程,确保高校和研究所的研发成果能够被及时地转移到最需要它们的领域。同时,考虑到市场本身的局限性和失灵现象,政府还需要通过法律和政策手段介入,强化技术转移的力度,通过各类行政和经济策略来激励产学研合作,促进技术转移与技术转化的密切结合,有助于将科技成果有效转化为推动社会发展的实际生产力。

因此,在政府推动科技发展的策略中,技术转移既是实现目标的必经途径,更是强化科技创新体系的重要手段。然而,终极目标并不仅仅是技术的移动或交易,而是更加深远的科技成果的实质性转化,这一过程才是政府所努力达到的最终目标。这样,政府的行动指向不仅有助于加速科技进步,还能够确保这些进步被有效地转化为促进全社会福祉的实际动力。

因此,技术转移与科技成果的转化实质上是一种相互补充、紧密交织的过程,两者在彼此的推进中展现出相互容纳与支持的特性。科技成果的转化涉及多个行为主体及其各自不同的利益诉求,正因如此,技术转移作为一种必要手段被引入,但关键在于,技术转移本身并非最终目标。其目的在于确保技术的接收方能够根据自身的应用需求进行相应的技术应用。相应地,科技成果的转化也被视为达成这一过程的手段而非终点。科技成果从学术机构如大学、研究所向企业的转移,总体上构成了一种横向的技术转移过程。在这一过程中,原始的科技成果有可能直接以未改变其形态的方式转移给企业,但也有可能伴随着一个纵向的科技成果转化过程,在技术转移的过程中改变了其技术形态。这样的从学术界到商业界的技术流动,实际上是构成国家科技成果转化体系的关键环节之一。在这个体系中,不同参与主体的互动和协作,推动了科技成果的有效转化和利用,使得科技创新不仅限于学术界的理论研究,而是真正走向实践,服务于社会和经济的发展。这样,我们不仅见证了技术转移和科技成果转化的相互渗透和交叉,更能够体会到它们在推动国家科技进步和创新驱动发展战略中的重要作用。

第三章　江苏技术转移与成果转化评价

3.1　江苏技术转移与成果转化评价指标体系的构建原则

科技成果转化本身是一个复杂的系统,其整个过程的实施由多种因素共同作用。科技成果转化的评价,需要选择和确定能够充分反映转化过程的一系列重要指标来实现。因此,首先需要选择指标,建立一个综合评价指标体系,这些指标是多层次的、复杂的相互联系、相互促进的一个整体。江苏省科技成果转化能力评价指标体系的建立从系统论出发,依据以下几个基本原则:

3.1.1　层次性原则

指标的层次性是系统的基本特征之一。技术转移与成果转化的指标评价体系实质上是一个具有层次性的系统,从基本指标层(三级指标)开始,当前的指标都是其上一级指标的构成要素,而上一级指标又分别是其下一级指标要素构成的系统。其中,一级指标层中的各项指标既是一级指标系统层的构成要素,又是由二级指标层的要素分别组成的几个子系统。各级指标的组成都有其特定的意义和功能,在评价指标体系中的地位与作用、结构与功能上表现出严格的等级秩序性,形成了指标体系的层次性。

3.1.2　导向型和整体性原则

技术转移与成果转化评价指标体系要与地区科技政策等相匹配,要充分了解地区技术转移与成果转化的发展方向及目前在技术转移与成果转化中存在的问题。评价指标体系要能对地区的技术转移与成果转化和科技发展起到促进作用,也要能优化地区科技成果的管理状态。指标体系应全面包含技术转移与成果转化需要的评价指标,明确评价指标之间的区别及重要程度,各评价指标之间应当具有逻辑性和关联性,评价过程与评价结果不只是评价指标的简单罗列,而是从不同的视角对技术转移与成果转化进行的整体评价。

3.1.3 动静结合原则

系统是一个动态的有机体,其稳定是相对的,运动则是绝对的。技术转移与成果转化评价指标体系的内容,既要包括政策保障和创新成果等类似的状态指标,还要包括反映转化产出绩效发生变化的过程指标。通常情况下,状态指标只反映出实力的强弱,它有着较强的综合性,然而却较为粗糙、简陋,因此需要补充过程指标来加以完善。技术转移与成果转化实质上是一个动态化的过程,技术转移与成果转化的评价指标应当注重评价对象存在的动态性,将静态和动态指标相互结合,采用系统的动态规律思想,预测、分析技术转移与成果转化的发展趋势,从而使整个指标体系能对发展中的科技成果转化做出及时的评价。

3.1.4 科学实用原则

技术转移与成果转化指标体系设计的理论基础应当正确无误,科学性要求指标设置具有完备性和系统性,不仅如此,还需要评价方法的严密性。一般而言,评价指标越多,评价的结果就越准确越科学。然而在实际的评价过程中,指标越多、越全面,则实用性可能会降低。根据实用性要求,指标的设计应当是少而精、评价方法简便易行。技术转移与成果转化系统较为复杂,它是由大量子系统和多层次的各种因素组合而成的,科学性和实用性相结合,能够促使指标设置在保证科学性的前提下,突出重点,尽量少而精,便于计算。本书的评价指标体系是把技术转移与成果转化的各类因素综合考量,考察其内在可能的规律性,是在对复杂或对立的因素进行深入探讨分析的基础上而设计出的,从指标的选取到各层级的确定,都是经过仔细甄别后选出的优化方案,旨在通过对技术转移与成果转化的价值进行比较客观、合理的评价。

3.2 江苏技术转移与成果转化评价指标体系的设计

为了能够得到较为全面的评价结果,本书借鉴彭峰等(2016)及冯华等(2016)等相关学者的做法,选取了技术转移与成果转化资源投入、技术转移与成果转化产出、技术转移与成果转化环境支撑三个维度作为评价框架。资源投入维度是基础,涵盖了经费和人力资源的投入,这两者是推动技术发展和应用的关键因素。产出维度则关注的是技术转移和成果转化的直接结果,即创新成果和产出转化效益,这些是衡量技术转移和成果转化成功与否的直接指标,反映了技术转移活动的成效。环境支撑维度则是技术转移和成果转化能够顺利进行的外部条件,良好的服务环境、政策环境和经济发展环境能够促进技术转移和成果转化的效率和效果(见表3-1)。

表3-1 江苏技术转移与成果转化评价指标体系

一级指标	二级指标	三级指标	指标解释
技术转移与成果转化资源投入	经费投入	省市立项的科技计划项目投入经费占R&D的比重	研究与试验发展经费支出占该地区国内生产总值比重(%)
		财政科技支出占财政支出比重	财政支出中科技支出所占比重(%)
	人力资源投入	规上企业工业科技人员活动情况	规上工业企业中研究与实验发展人员数量(万人)
技术转移与成果转化产出	创新成果产出	发明专利密度	每万人数拥有的该地区每年发明专利数(件/万人)
	产出转化效益	校企联合申报专利数	各设区市内高校(包括普通本科和普通大专)和企业合作申请专利数(件)

(续表)

一级指标	二级指标	三级指标	指标解释
技术转移与成果转化产出	产出转化效益	省技术产权交易市场线上平台交易金额	该地区企业通过技术转移品牌活动达成的技术交易金额(万元)
		输出技术合同成交额/项数	通过技术合同登记系统认定登记的输出合同成交额/项数
		吸纳技术合同成交额/项数	通过技术合同登记系统认定登记的吸纳合同成交额/项数
		输出技术合同成交额/吸纳技术合同成交额	通过技术合同登记系统认定登记的输出合同成交额/吸纳合同成交额
		科技成果协议成交拟交易信息公示、挂牌交易成交金额	通过省技术产权交易市场协议成交拟交易信息公示、挂牌交易成交金额(万元)
		规上工业企业新产品销售收入	当年产品销售收入2000万元以上(含)的工业企业的新产品销售收入(亿元)
技术转移与成果转化环境支撑	服务环境支撑	高新技术企业数	该年份该地区高新技术企业数量(个)
		专业服务机构数	工作站、分中心、事务所、通过技术合同登记系统或者省技术产权交易市场平台注册的技术转移机构、入库共享平台的服务机构数合计(个)
		省科技创新券服务企业数	该年份该地区省科技创新券服务的企业数量(个)
		技术转移活动场次	技术转移活动场次(场)
		纳入共享平台的大型仪器数	纳入省统筹中心共享平台的大型仪器数量(台)

具体到每个二级、三级指标的选择,经费投入指标包括"省市立项的科技计划项目投入经费占R&D的比重"和"财政科技支出占财政支出比重",这两个指标能够反映政府对科技研发的支持力度,是推动技术转移和成果转化的重要驱动力。人力资源投入指标选择了"规上企业工业科技人员活

动情况",因为人才是技术创新的核心,科技人员的活动情况直接关系到技术转移和成果转化的能力。创新成果产出指标包括"发明专利密度"和"校企联合申报专利数",这两个指标能够反映一个地区的创新活跃度和技术产出的质量和数量。产出转化效益指标则涵盖了"省技术产权交易市场线上平台交易金额""输出技术合同成交额"等,这些指标能够反映技术成果的市场化程度和经济效益。服务环境支撑指标选择了"高新技术企业数""专业服务机构数"等,因为这些指标能够反映服务环境的成熟度和对技术转移与成果转化的支持能力。通过这些指标的综合评价,可以全面反映江苏技术转移与成果转化的现状和效果,为政策制定和资源配置提供科学依据。

该评价体系中,技术转移与成果转化资源投入维度有 2 个二级指标,3 个三级指标,其中经费投入包含了 2 个指标,人力资源投入包含了 1 个指标。技术转移与成果转化产出维度有 2 个二级指标,8 个三级指标,其中创新成果产出包含了 2 个指标,产出转化效益包含了 6 个指标。技术转移与成果转化环境支撑维度有 1 个二级指标,5 个三级指标。整个评价体系共有 16 个评价指标,涉及政策、产出和资源投入等多个方面,以下是各指标选取的依据和来源。

技术转移与成果转化的评价通常包含多个投入和产出变量,需要从投入和产出两个方面来选择相应的指标。根据以往研究,投入指标多包含人力投入和资金投入两方面,而产出指标大多可分为专利产出和经济产出。例如,投入类指标通常有科技活动人员、研发成果应用支出经费、R&D 成果应用、科技活动经费、R&D 人员全时当量等(彭峰等,2016;高擎等,2020;钟卫等,2018)。产出类指标有专利授权量、技术合同成交额、新产品销售收入、发明专利授权数等(杨剑等,2022;肖兴志等,2019)。

值得注意的是,在构建江苏技术转移与成果转化评价指标体系时,三个主要维度"技术转移与成果转化资源投入、技术转移与成果转化产出、技术转移与成果转化环境支撑"之间的逻辑关系是相互依赖和相互促进的。

3.2.1 技术转移与成果转化资源投入

在技术转移与成果转化资源投入的一级指标中,包含了经费投入和人力资源投入两个二级指标。经费投入能力主要包括省市立项的科技计划项目投入经费占 R&D 的比重以及财政科技支出占财政支出比重等指标，这些指标为技术转移与成果转化提供了坚实的基础。人力资源投入能力主要包括从事科技活动人数、研究与试验发展人员等，进行科研创新活动的高素质人才有助于地区技术转移与相关成果产出，这些人才可推动地区的技术转移与成果转化朝着更深和更高的层次发展。在本研究中，主要指的是规上企业工业科技人员活动情况，即规上工业企业中研究与实验发展人员数量。

3.2.2 技术转移与成果转化产出

地区技术转移与成果转化的产出能力是指地区能够产出科技创新成果的能力，有效的科技创新成果通常是指具备较大转移转化潜力的科技创新成果。有效的科技创新成果不仅要保证产出的成果数量，也要确保成果质量。若科技创新成果的数量不够，则会制约科技成果需求方选择的目标范围。因此，地区创新成果产出能力可以从数量和质量加以体现（杨仲基等，2018）。转化产出绩效能力是各个地区的技术转移与成果转化对接服务的关键环节，体现了地区内高校产学研合作水平机制以及效果。同时，也反映出当地技术市场容量的大小，当技术市场容量较大时，科技成果的需求方通常有着更强的愿望想以地区技术市场来获取技术成果；然而，若技术市场容量较小，那么技术成果需求的规模也会随之减小。技术转移与成果转化的需求若能够合理匹配，则必然会产生经济与社会效益（杨仲基等，2018）。因此，该部分的指标主要包括发明专利密度、校企联合申报专利数、省技术产权交易市场线上平台交易金额、输出技术合同成交额、吸纳技术合同成交额、输出技术合同成交额与吸纳技术合同成交额的比值、科技成果公示挂牌成交金额以及规上工业企业新产品销售收入。

3.2.3 技术转移与成果转化环境支撑

服务环境支撑对技术转移与成果转化起着关键的推动作用。它提供信息和资源,例如专业服务机构、科技创新平台和政策支持,帮助科研机构和企业了解市场需求、技术趋势和竞争情况。同时,服务环境促进合作与对接,通过科技中介机构和政府的政策支持,科研机构和企业可以找到合适的合作伙伴,将科技成果转移到实际应用中。此外,服务环境还提供技术评估与转化支持,由专业服务机构进行评估,包括技术可行性和商业化潜力等方面,为科研机构和企业提供决策依据。知识产权保护也是其中重要的一环,服务环境通过提供专业知识产权咨询和政府支持,加强知识产权的保护和运营。最后,政府的政策和财务支持也能够降低技术转移与成果转化的成本和风险,为科研机构和企业提供资金支持和税收优惠等政策激励。总体而言,服务环境支撑为科研机构和企业创造了有利的环境,推动技术成果向市场转化,实现经济价值和社会效益的转化。基于以上分析,本研究将可能影响技术转移与成果转化的环境因素分为高新技术企业数、专业服务机构数、省科技创新券服务企业数、技术转移活动场次以及纳入共享平台的大型仪器数。

3.3 江苏技术转移与成果转化评价方法的说明

技术转移与成果转化评价指标体系作为一种多指标、多维度的综合评价指标体系,需要选取多指标综合评价方法将多项指标合成单一指数进行考察。将多项指标综合成技术转移与成果转化的综合指数,核心在于对各项指标进行赋权,进而获得江苏技术转移与成果转化各子系统指数和综合指数。确定权重的方法主要可以分为两种:一个是主观赋权法,包括层次分析法和相对指数法等;另一个是客观赋权法,包括因子分析法、主成分分析法和熵权法等。1981年,Hwang等提出了一种多指标多方案的综合评价方法,即TOPSIS法,通过对原始数据进行趋同、归一化处理,计算各指标与其各自的正理想值(最好值)、负理想值(最差值)之间的接近程度,以此评价各指标的优劣。

TOPSIS法通常情况下对样本数据没有明确的要求,它能在一个系统内充分反映出各指标的实际情况,进而体现整体的综合竞争力,因此该方法被广泛应用于项目风险评价、地区科技竞争力等评价中。但是，TOPSIS 法中各指标的权重是通过专家评估的方式得出的，具备一定的主观性，可能会使评价结果有偏差。熵权法是一种客观赋权法，可以判断各指标的变异程度，从而计算出各指标的权重，可以避免主观赋值带来的误差，故在此引用熵权法来确定权重。本研究将首先采用熵权法确定权重，再利用 TOPSIS 方法计算技术转移与成果转化能力的相对贴近度，从而对江苏的技术转移与成果转化能力进行综合评价。

3.3.1 熵权法求权重

假设指标体系有 n 个目标，m 个属性，用 a_{ij} 表示第 i 个目标的第 j 个指标的数值，由此可以构成原始矩阵：

$$A = \begin{bmatrix} a_{11} & \cdots & a_{1m} \\ \vdots & \vdots & \vdots \\ a_{n1} & \cdots & a_{nm} \end{bmatrix}_{n \times m}$$

为解决单位不同造成的量纲问题，需要进行相应标准化处理，把指标的绝对值转化为相对值，从而解决不同数据之间量纲不同造成的问题。由于正向指标和负向指标数值所代表的含义不同（正向指标值越高越好，负向指标值越小越好），因此，对于高低指标需要用不同的算法进行数据的标准化处理。

正向指标：$a_{ij}^{+} = \dfrac{a_{ij} - \min(a_{1j}, \cdots, a_{nj})}{\max(a_{1j}, \cdots, a_{nj}) - \min(a_{1j}, \cdots, a_{nj})} + 1$

负向指标：$a_{ij}^{-} = \dfrac{\max(a_{1j}, \cdots, a_{nj}) - a_{ij}}{\max(a_{1j}, \cdots, a_{nj}) - \min(a_{1j}, \cdots, a_{nj})} + 1$

将指标进行标准化后的数值依然记为 a_{ij}。

接着，计算第 i 个目标的第 j 个指标值占整个 j 项指标总值的比重：

$$P_{ij} = \dfrac{a_{ij}}{\sum\limits_{i=1}^{n} a_{ij}}$$

计算第 j 项指标的熵值：

$$e_j = -k \cdot \sum_{i=1}^{n} P_{ij} \cdot \ln P_{ij}, 其中 k = \frac{1}{\ln m}, 0 \leqslant e \leqslant 1。$$

计算第 j 项指标的熵值冗余度：$g_j = 1 - e_j$，当 g_j 越大时，熵值越小，同时也说明该项指标越重要。接着计算权重，

$$w_j = \frac{g_j}{\sum_{j=1}^{m} g_j}$$

w_j 即为各项指标通过熵值法计算出来的权重。

3.3.2 TOPSIS 法计算加权规范化矩阵

由于 TOPSIS 法中各个指标的量纲不同会影响到计算结果，所以要对原始数据进行趋同化处理，将原来的每个指标 a_{ij} 化为：

$$V_{ij} = \frac{a_{ij}}{\sqrt{\sum_{i=1}^{n} a_{ij}^2}}$$

根据上面熵权法确定的权重 w_j，对应元素相乘可得到加权规范化矩阵：

$$z = \begin{bmatrix} v_{11} & \cdots & v_{1n} \\ \vdots & \cdots & \vdots \\ v_{m1} & \cdots & v_{mn} \end{bmatrix} \begin{bmatrix} w_1 & \cdots & 0 \\ \vdots & \ddots & \vdots \\ 0 & \cdots & w_n \end{bmatrix} = \begin{bmatrix} f_{11} & \cdots & f_{1n} \\ \vdots & \cdots & \vdots \\ f_{m1} & \cdots & f_{mn} \end{bmatrix}$$

3.3.3 确定评估目标的正负理想解

根据 TOPSIS 法的含义，各评估目标的最优值就是正理想解，最差值则为负理想解。

$$正理想解：f_j^+ = \begin{cases} \max(f_{ij}), & j \in J^+ \\ \min(f_{ij}), & j \in J^- \end{cases}$$

负理想解：$f_j^- = \begin{cases} \min(f_{ij}), & j \in J^+ \\ \max(f_{ij}), & j \in J^- \end{cases}$

其中，J^+ 为收益性指标，指标值越大越好，J^- 为成本性指标，指标值越大对评估结果越不利。

3.3.4 计算正负理想解距离

为了计算正负理想解距离，接着采用 n 维欧几里得公式来计算各目标值到正理想解的距离 S^+，以及各指标到负理想解的距离 S^-。目标值越接近正理想解，同时远离负理想解，则该评价目标越优；越远离正理想解而接近负理想解的目标越劣。

3.3.5 计算相对贴近度及排序

计算各评价目标与理想解的相对贴近度 $C(0 \leqslant C \leqslant 1)$，贴近度越高，该目标越优，再根据所计算出的相对贴近度进行排序。计算公式如下：

$$C_i = \frac{S_i^-}{S_i^+ + S_i^-}$$

本书根据熵权法的原理，对上面所选出的 16 个评价指标进行权重计算。最终各指标的权重结果如表 3-2 所示。从表 3-2 可以看出，各三级指标整体的权重差距较小，其中产出转化效益指标中的科技成果公示挂牌成交金额对技术转移与成果转化评价影响最大，权重为 16.672%。从二级指标来看，产出转化效益的权重最大，为 38.085%，人力资源投入的权重最小，为 4.744%。

表 3-2 江苏技术转移与成果转化熵权权重值

一级指标	二级指标	三级指标	权重
技术转移与成果转化资源投入 (9.922%)	经费投入 (5.178%)	X1：省市立项的科技计划项目投入经费占 R&D 的比重	1.83%
		X2：财政科技支出占财政支出比重（%）	3.348%
	人力资源投入 (4.744%)	X3：规上企业工业科技人员活动情况	4.744%

(续表)

一级指标	二级指标	三级指标	权重
技术转移与成果转化产出（50.387%）	创新成果产出（12.302%）	X4：发明专利密度（件/万人）	3.824%
		X5：校企联合申报专利数（件）	8.478%
	产出转化效益（38.085%）	X6：省技术产权交易市场线上平台交易金额（亿元）	9.54%
		X7：输出技术合同成交额（项数）	3.143%
		X8：吸纳技术合同成交额（项数）	1.463%
		X9：输出技术合同成交额/吸纳技术合同成交额（亿元）	1.599%
		X10：科技成果公示挂牌成交金额（亿元）	16.672%
		X11：规上工业企业新产品销售收入（亿元）	5.668%
技术转移与成果转化环境支撑（39.691%）	服务环境支撑（39.691%）	X12：高新技术企业数（个）	5.529%
		X13：专业服务机构数（个）	5.890%
		X14：省科技创新券服务企业数（个）	11.133%
		X15：技术转移活动场次（场）	6.281%
		X16：纳入共享平台的大型仪器数（台）	10.858%

3.4 江苏技术转移与成果转化的评价结果分析

3.4.1 江苏技术转移与成果转化能力综合评价

根据熵权 TOPSIS 方法，计算出江苏省技术转移与成果转化能力的正理想解以及负理想解，最后计算出相对贴近度，结果如表3-3所示。首先，从设区市 2018—2022 年的纵向比较来看，大多数设区市的技术转移与成果转化能力在 5 年间有所提升。例如，南京市从 2018 年到 2022 年，技术转移与成果转化能力持续上升（0.414 9 至 0.591 1），尽管在 2019 和 2021 年有小幅度的波动，但总体来看发展态势良好。苏州市的技术转移与成果转化能力在这 5 年间持续上升,从 0.341 0 增长到 0.456 7,表现出了很强的技术转移与成果转化能力。南通在 2018 年到 2020 年有显著增长,但在后两年中,得分值出现了下降,需要关注其后期表现。泰州的得分波动性较大,从 0.183 5 下降到 0.121 6,需要进一步研究其原因。徐州的得分在这 5 年间波动不大,总体来看较为稳定。盐城在 2018 年到 2022 年的几年中,得分逐渐上升。扬州的得分在这 5 年间整体上呈现出上升趋势,表现良好。宿迁的得分整体呈现下降趋势。镇江的得分在 2018 年到 2022 年增幅较大。无锡的得分在 2018 年到 2022 年整体呈现上升趋势,其中 2021 年达到峰值,说明近年来无锡市的技术转移与成果转化能力稳步提升。常州的得分值在这 5 年间整体上升,表现出较强的技术转移与成果转化能力。连云港的得分在 2018 年到 2022 年整体有所下滑。相反,淮安在这 5 年得分整体呈现上升趋势。

表 3-3　2018—2022 年各设区市技术转移与成果转化能力

地区	年份	正理想解距离 $S+$	负理想解距离 $S-$	相对贴近度 C
南京	2018	0.657 4	0.466 2	0.414 9
	2019	0.609 7	0.565 4	0.481 1
	2020	0.571 1	0.565 3	0.497 5
	2021	0.457 0	0.760 9	0.624 8
	2022	0.497 3	0.719 0	0.591 1
苏州	2018	0.729 9	0.377 6	0.341 0
	2019	0.698 8	0.413 9	0.372 0
	2020	0.692 9	0.461 0	0.399 5
	2021	0.662 3	0.494 9	0.427 7
	2022	0.646 9	0.543 8	0.456 7
南通	2018	0.945 9	0.104 2	0.099 2
	2019	0.945 3	0.118 4	0.111 3
	2020	0.903 3	0.196 5	0.178 7
	2021	0.909 0	0.163 7	0.152 6
	2022	0.906 9	0.142 8	0.136 0

(续表)

地区	年份	正理想解距离 $S+$	负理想解距离 $S-$	相对贴近度 C
泰州	2018	0.954 4	0.214 5	0.183 5
	2019	0.955 7	0.140 7	0.128 3
	2020	0.943 1	0.168 7	0.151 7
	2021	0.950 4	0.112 3	0.105 7
	2022	0.950 1	0.131 5	0.121 6
徐州	2018	0.934 7	0.212 3	0.185 1
	2019	0.926 0	0.222 4	0.193 7
	2020	0.918 3	0.221 7	0.194 5
	2021	0.895 0	0.233 8	0.207 1
	2022	0.866 3	0.275 2	0.241 1
盐城	2018	0.956 3	0.096 6	0.091 8
	2019	0.954 8	0.106 2	0.100 1
	2020	0.933 4	0.125 8	0.118 7
	2021	0.920 8	0.137 8	0.130 1
	2022	0.868 0	0.227 6	0.207 7
扬州	2018	0.942 9	0.108 6	0.103 3
	2019	0.941 6	0.111 8	0.106 1
	2020	0.901 6	0.193 1	0.176 4
	2021	0.884 0	0.160 0	0.153 2
	2022	0.899 0	0.143 0	0.137 2
宿迁	2018	0.961 4	0.192 1	0.166 6
	2019	0.969 1	0.097 4	0.091 3
	2020	0.966 6	0.075 1	0.072 1
	2021	0.974 8	0.062 3	0.060 1
	2022	0.971 2	0.070 5	0.067 7
镇江	2018	0.953 6	0.109 1	0.102 6
	2019	0.940 5	0.116 2	0.110 0

(续表)

地区	年份	正理想解距离 $S+$	负理想解距离 $S-$	相对贴近度 C
镇江	2020	0.907 4	0.180 6	0.166 0
	2021	0.896 8	0.164 7	0.155 1
	2022	0.799 4	0.396 7	0.331 7
无锡	2018	0.898 9	0.165 6	0.155 5
	2019	0.864 3	0.220 2	0.203 0
	2020	0.831 4	0.322 7	0.279 6
	2021	0.757 6	0.334 3	0.306 1
	2022	0.797 2	0.312 9	0.281 9
常州	2018	0.937 5	0.134 9	0.125 8
	2019	0.924 3	0.158 1	0.146 1
	2020	0.881 0	0.195 0	0.181 2
	2021	0.866 2	0.216 1	0.199 6
	2022	0.837 9	0.269 0	0.243 0
连云港	2018	0.975 3	0.134 8	0.121 5
	2019	0.972 1	0.078 7	0.074 9
	2020	0.964 0	0.083 6	0.079 8
	2021	0.958 1	0.083 7	0.080 3
	2022	0.952 0	0.106 8	0.100 9
淮安	2018	0.984 5	0.034 6	0.034 0
	2019	0.987 3	0.038 2	0.037 2
	2020	0.963 1	0.071 8	0.069 4
	2021	0.953 9	0.072 0	0.070 2
	2022	0.943 0	0.102 7	0.098 2

在2022年的技术转移与成果转化评价中,各设区市的技术转移与成果转化能力排名如下:南京(0.591 1),苏州(0.456 7),镇江(0.331 7),无锡(0.281 9),常州(0.243 0),徐州(0.241 1),盐城(0.207 7),扬州(0.137 2),南通(0.136 0),泰州(0.121 6),连云港(0.100 9),淮安(0.098 2),宿迁(0.067 7)。

这表明在这些城市中,南京、苏州、镇江、无锡和常州在 2022 年的技术转移与成果转化评价中得分较高,表现出了较强的能力。而连云港、淮安和宿迁的得分相对较低,可能需要在技术转移和成果转化方面进行改进。

自 2018 年以来,为更好地贯彻落实国务院《关于印发国家技术转移体系建设方案的通知》(国发〔2017〕44 号)和《省政府关于加快推进全省技术转移体系建设的实施意见》(苏政发〔2018〕73 号),江苏省多个部门和地方都陆续出台了能够促进技术转移与成果转化的配套政策措施,不断地加大了技术转移、成果转化的支持力度,力求上下衔接、协同推进全省技术转移体系建设,高质量推进科技成果转化和产业化。例如,2018 年江苏省科技厅与财政厅联合印发了《江苏省技术转移奖补资金实施细则(试行)》(苏财教〔2018〕152 号),鼓励技术交易单位做大做强,鼓励技术成果优先在省内转移转化,技术输出在省内的技术合同成交额按 150%的比例计算奖补额度。2021 年省科技厅、省财政厅对奖补政策进行修订,明确对于技术转移吸纳方和技术转移机构、技术经理人的奖补。南京市以 2018 年市委一号文件出台《关于建设具有全球影响力的创新名城的若干政策措施》及 45 个配套实施细则,对科技成果转移转化收入 50 万元以上的科研人员,根据其对地方经济贡献,实行一定比例奖励。扬州市人民政府 2022 年印发《关于实施创新驱动发展战略加强产业科创名城科技支撑的政策措施》,在扬高校院所、科研机构和设有技术转移机构的外地高校院所,与扬州企业签订技术合同的,按照当年累计实际技术交易额的 2%给予奖励,年最高奖励 100 万元。

目前,科技创新仍是经济高质量发展的核心驱动力,在经济高质量发展的过程中,应明确科技创新的重要地位。应当充分借助江苏所拥有的"长三角"经济圈独特的区位优势,整合优化地区现有高校科研资源,深化产学研合作,促进科技成果实体化。鼓励江苏省内的校企合作,以市场为导向,定向培养技术转移与成果转化的技术人才,积极完善现有人才管理制度,健全科技人才引进机制,坚持内部培养与外部引进相结合,打造科技人才良性竞争氛围,提高江苏技术转移与成果转化的实力。

3.4.2 分区域技术转移与成果转化能力评价

本研究将江苏省内各设区市划分为3大区域,即苏南、苏中和苏北。分区域开展技术转移与成果转化分析的目的主要有以下三点:一是比较不同区域之间技术转移与成果转化的差异;二是探索区域内城市技术转移与成果转化的发展态势;三是比较区域内不同城市技术转移与成果转化的发展差异。本章节基于区域划分,从区域和设区市两个层面对区域技术转移与成果转化能力展开分析。

(1) 苏南地区技术转移与成果转化能力分析

苏南地区包括南京、苏州、无锡、常州、镇江5个设区市。表3-4列出了苏南地区2018—2022年技术转移与成果转化平均水平。从表3-4可看出,苏南地区在2018年的正理想解距离为0.835 5,随着时间的推移,逐渐减少到2022年的0.715 7。这表明在技术转移和成果转化方面,苏南地区在过去的5年中不断取得进步。苏南地区在2018年的负理想解距离为0.250 7,随后逐渐增加到2022年的0.448 3。这表示苏南地区的技术转移和成果转化还存在改进空间。从最终的相对贴近度(即技术转移与成果转化能力)可看出,苏南地区在2018年的相对贴近度为0.228 0,2022年增加到0.380 9。这表明苏南地区在技术转移和成果转化方面的整体表现逐渐趋近理想水平。综上所述,根据提供的数据可以看出,苏南地区在技术转移与成果转化水平方面在过去5年中取得了一定的进步,但仍然存在改进的空间。

表3-4 2018—2022年苏南地区技术转移与成果转化能力

年份	正理想解距离 $S+$	负理想解距离 $S-$	相对贴近度 C
2018	0.835 5	0.250 7	0.228 0
2019	0.807 5	0.294 7	0.262 4
2020	0.776 8	0.344 9	0.304 8
2021	0.728 0	0.394 2	0.342 7
2022	0.715 7	0.448 3	0.380 9

(2) 苏中地区技术转移与成果转化能力分析

苏中地区包括扬州、泰州和南通三个设区市。表3-5列出了苏中地区2018—2022年技术转移与成果转化平均水平。从数据看,2018—2022年,苏中地区的技术转移与成果转化平均水平整体上呈现波动变化。2018年的相对贴近度为0.1287,相较于后续几年,其接近负理想解(即不好的情况)的程度相对较低,说明这一年的技术转移与成果转化情况相对较好。进入2019年,相对贴近度下降至0.1153,表明此年的技术转移与成果转化状况有所下滑。2020年,相对贴近度上升至0.1689,显示出技术转移与成果转化效果提升。然而,2021年和2022年的相对贴近度分别下降至0.1372和0.1316,显示出这两年技术转移与成果转化的效果有所下滑。分析其原因,可能与苏中地区行业发展环境、政策支持、投资状况、技术研发进展等多方面因素有关。为了提升技术转移与成果转化的效果,建议苏中地区加大科技创新投入,优化技术转移机制,提高企业对技术成果的吸纳能力,同时也需要政府提供更多的政策支持和资源配备。

表3-5 2018—2022年苏中地区技术转移与成果转化能力

年份	正理想解距离 $S+$	负理想解距离 $S-$	相对贴近度 C
2018	0.9477	0.1424	0.1287
2019	0.9475	0.1236	0.1153
2020	0.9160	0.1861	0.1689
2021	0.9145	0.1453	0.1372
2022	0.9187	0.1391	0.1316

(3) 苏北地区技术转移与成果转化能力分析

苏北地区包括徐州、宿迁、连云港、淮安、盐城5个设区市。表3-6列出了苏北地区2018—2022年技术转移与成果转化平均水平。根据表3-6,我们可以看出2018—2022年苏北地区的技术转移与成果转化平均水平总体上呈现先下降后上升的趋势,尤其是从2018年至2019年,相对贴近度 C 下降,表示2019年的情况比前一年更接近负理想解(即较差的状况)。直到

2020年,相对贴近度有所回升,但整体水平仍不理想。首先,2018年的相对贴近度为0.1198,说明当年的技术转移与成果转化效果相对较好。然而,从2019年,相对贴近度下降,显示出技术转移与成果转化效果逐渐下滑,这可能与苏北地区在科技转化方面存在的一些问题有关。然而,这种情况在2020年到2022年开始有所好转,相对接近度分别为0.1069、0.1096、0.1431,尤其是2022年,增加至0.1431,达到5年来的最高点。这表明苏北地区在这几年中的技术转移与成果转化效果已经有所起色,需要进一步改善相关策略和举措。因此,我们可以推断出,尽管苏北地区已经采取了一定的措施来改善这一状况,但其效果并不显著,还需要继续努力。

总的来说,苏北地区在2018—2022年的技术转移与成果转化过程中,可能存在着政策支持不足、投资环境不佳、技术研发能力不足等问题。对此,建议苏北地区从增加对科技创新的投入、改善技术转移机制、提升人才培养、优化产学研合作体系等方面进行改革和优化,以期提升其技术转移与成果转化的效果。同时,政府也应当提供更多的政策扶持,如给予高新技术企业更多的资金支持,为科研人员提供更好的工作环境等,以此刺激更多的科技创新和技术转移。

表3-6 2018—2022年苏北地区技术转移与成果转化能力

年份	正理想解距离 $S+$	负理想解距离 $S-$	相对贴近度 C
2018	0.9624	0.1341	0.1198
2019	0.9619	0.1086	0.0994
2020	0.9491	0.1156	0.1069
2021	0.9405	0.1179	0.1096
2022	0.9201	0.1566	0.1431

第四章 长三角地区技术转移成果转化能力及效率评价

4.1 长三角地区技术转移与成果转化能力评价

4.1.1 研究方法及数据来源

(1) 熵权 TOPSIS 法

本章同样采用熵权 TOPSIS 法,首先基于熵权法确定权重,再利用 TOPSIS 方法计算技术转移与成果转化能力的相对贴近度,从而对长三角地区的技术转移与成果转化能力进行综合评价。

① 熵权法求权重

假设指标体系有 n 个目标,m 个属性,用 a_{ij} 表示第 i 个目标的第 j 个指标的数值,由此可以构成原始矩阵:

$$A = \begin{bmatrix} a_{11} & \cdots & a_{1m} \\ \vdots & \vdots & \vdots \\ a_{n1} & \cdots & a_{nm} \end{bmatrix}_{n \times m}$$

为解决单位不同造成的量纲问题,需要进行相应标准化处理,把指标的绝对值转化为相对值,从而解决不同数据之间量纲不同造成的问题。由于正向指标和负向指标数值所代表的含义不同(正向指标值越高越好,负向指标值越小越好),因此,对于高低指标需要用不同的算法进行数据的标准化处理。

正向指标：$a_{ij}^+ = \dfrac{a_{ij} - \min(a_{1j}, \cdots, a_{nj})}{\max(a_{1j}, \cdots, a_{nj}) - \min(a_{1j}, \cdots, a_{nj})} + 1$

负向指标：$a_{ij}^- = \dfrac{\max(a_{1j}, \cdots, a_{nj}) - a_{ij}}{\max(a_{1j}, \cdots, a_{nj}) - \min(a_{1j}, \cdots, a_{nj})} + 1$

将指标进行标准化后的数值依然记为 a_{ij}。

接着，计算第 i 个目标的第 j 个指标值占整个 j 项指标总值的比重：

$$P_{ij} = \dfrac{a_{ij}}{\sum\limits_{i=1}^{n} a_{ij}}$$

计算第 j 项指标的熵值：

$$e_j = -k \cdot \sum_{i=1}^{n} P_{ij} \cdot \ln P_{ij}, \text{其中} k = \dfrac{1}{\ln m}, 0 \leqslant e \leqslant 1。$$

计算第 j 项指标的熵值冗余度：$g_j = 1 - e_j$，当 g_j 越大时，熵值越小，同时也说明该项指标越重要。接着计算权重，

$$w_j = \dfrac{g_j}{\sum\limits_{j=1}^{m} g_j}$$

w_j 即为各项指标通过熵值法计算出来的权重。

② TOPSIS 法计算加权规范化矩阵

由于 TOPSIS 法中各个指标的量纲不同会影响到计算结果，所以要对原始数据进行趋同化处理，将原来的每个指标 a_{ij} 化为：

$$V_{ij} = \dfrac{a_{ij}}{\sqrt{\sum\limits_{i=1}^{n} a_{ij}^+}}$$

根据上面熵权法确定的权重 w_j，对应元素相乘可得到加权规范化矩阵：

$$z = \begin{bmatrix} v_{11} & \cdots & v_{1n} \\ \vdots & \cdots & \vdots \\ v_{m1} & \cdots & v_{mn} \end{bmatrix} \begin{bmatrix} w_1 & \cdots & 0 \\ \vdots & \ddots & \vdots \\ 0 & \cdots & w_n \end{bmatrix} = \begin{bmatrix} f_{11} & \cdots & f_{1n} \\ \vdots & \cdots & \vdots \\ f_{m1} & \cdots & f_{mn} \end{bmatrix}$$

③ 确定评估目标的正负理想解

根据 TOPSIS 法的含义,各评估目标的最优值就是正理想解,最差值则为负理想解。

正理想解:$f_j^+ = \begin{cases} \max(f_{ij}), & j \in J^+ \\ \min(f_{ij}), & j \in J^- \end{cases}$

负理想解:$f_j^- = \begin{cases} \min(f_{ij}), & j \in J^+ \\ \max(f_{ij}), & j \in J^- \end{cases}$

其中,J^+ 为收益性指标,指标值越大越好,J^- 为成本性指标,指标值越大对评估结果越不利。

④ 计算正负理想解距离

为了计算正负理想解距离,接着采用 n 维欧几里得公式来计算各目标值到正理想解的距离 S^+,以及各指标到负理想解的距离 S^-。目标值越接近正理想解,同时远离负理想解,则该评价目标越优;越远离正理想解而接近负理想解的目标越劣。

⑤ 计算相对贴近度及排序

计算各评价目标与理想解的相对贴近度 $C(0 \leqslant C \leqslant 1)$,贴近度越高,该目标越优,再根据所计算出的相对贴近度进行排序。计算公式如下:

$$C_i = \frac{S_i^-}{S_i^+ + S_i^-}$$

(2) QR 分位数回归

本书利用 QR 回归模型分析长三角地区技术转移与成果转化能力存在差异的影响因素,该模型相较于其他模型(如 OLS 回归)具有独特优势,它能够不受非正态分布和异方差的影响,可以准确测量出各解释变量在不同的分位点的回归系数,进而使得结果更具有说服力(刘曦子等,2017)。具体如下:

$$Q_{yi}(\delta/x_i) = x_i' + \beta(\delta) + \varepsilon(\delta)$$

其中，$Q_{yi}(\delta/x_i)$ 表示 y_i 第 δ 个条件的分位点，$\beta(\delta)$ 为第 δ 个分位数系数估计。在此基础上，本书将分位数基本回归模型与面板数据有效结合，最终模型如下所示：

$$Q_{yi}(\delta/x_{it}) = \beta_0 + \beta_1(\delta)x_1 + \beta_2(\delta)x_2 + \beta_3(\delta)x_3 + \beta_4(\delta)x_4 + \beta_5(\delta)x_5 + \varepsilon_{it}$$

（3）指标体系设计

为了能够得到较为全面的评价结果，本书借鉴彭峰等（2016）以及冯华等（2016）等相关学者的做法，从财政资源投入能力、人力资源投入能力、创新成果产出能力和转化产出绩效能力等维度，构建了长三角地区技术转移与成果转化评价指标体系（见表4-1）。该评价体系中，财政资源投入能力有4个二级指标，人力资源投入能力有2个二级指标，创新成果产出能力有5个二级指标，转化产出绩效能力有3个二级指标。整个评价体系共有14个评价指标，涉及投入、创新成果、产出等多个方面。

财政资源投入和人力资源投入是技术转移与成果转化需要具备的基本条件，已成为技术转移与成果转化的主要动力。财政资源投入能力主要包括R&D经费支出、R&D经费支出占GDP的比重、科学技术支出、财政科技支出占财政支出比重等指标，这些指标为技术转移与成果转化提供了坚实的基础。人力资源投入能力主要包括从事科技活动人数、研究与试验发展人员等，进行科研创新活动的高素质人才有助于地区技术转移与相关成果产出，这些人才可推动地区的技术转移与成果转化朝着更深和更高的层次发展。创新成果产出能力包括有效发明专利授权量、有效发明专利密度、科技论文数量、专利授权数/件、省部级科技成果奖数量等。专利和科技论文发表情况不仅代表科技创新产出实力，也体现出区域技术转移与成果转化的情况，在一定程度上也代表着区域的技术创新水平。省部级科技成果奖则代表了地区的创新和技术转移与成果转化的实力。转化产出绩效能力是各个地区的技术转移与成果转化对接服务的关键环节，体现了地区产学研合作水平机制以及效果。

表 4-1 长三角地区技术转移与成果转化评价指标体系

一级指标	二级指标
财政资源投入能力	R&D 经费支出(亿元)
	R&D 经费支出占 GDP 的比重(%)
	科学技术支出(亿元)
	财政科技支出占财政支出比重
人力资源投入能力	从事科技活动人数(人)
	研究与试验发展人员(万人)
创新成果产出能力	有效发明专利授权量(件)
	有效发明专利密度(件/万人)
	科技论文数量(篇)
	专利授权数(件)
	省部级科技成果奖数量(个)
转化产出绩效能力	技术合同成交额(亿元)
	技术合同成交项数(项)
	技术合同成交额/当地 GDP(%)

(4) 数据来源

本研究选取 2015—2021 年长三角地区中江苏、上海、浙江和安徽 4 个省份的技术转移与成果转化指标数据以及技术转移与成果转化能力影响因素的指标数据,数据主要来源于《中国科技统计年鉴》《中国统计年鉴》以及各省市统计年鉴等。

4.1.2 评价结果分析

(1) 权重确定

本书根据熵权法的原理,对上述所选出的 14 个评价指标进行权重计算。最终各指标的权重结果如表 4-2 所示。从表 4-2 可以看出,各个指标的熵权权重差距较大,其中技术合同成交额占当地 GDP 比值的评价指标对技术转移与成果转化评价影响最大,为 26.37%,省部级科技成果奖数量的权重最小,为 0.59%。

表 4-2 长三角地区技术转移与成果转化熵权权重值

一级指标	二级指标	权重值
财政资源投入能力	R&D 经费支出(亿元)	4.71%
	R&D 经费支出占 GDP 的比重(%)	1.05%
	科学技术支出(亿元)	1.71%
	财政科技支出占财政支出比重	0.65%
人力资源投入能力	从事科技活动人数(人)	1.07%
	研究与试验发展人员(万人)	6.49%
创新成果产出能力	有效发明专利授权量(件)	6.82%
	有效发明专利密度(件/万人)	13.08%
	科技论文数量(篇)	13.83%
	专利授权数(件)	8.97%
	省部级科技成果奖数量(个)	0.59%
转化产出绩效能力	技术合同成交额(亿元)	9.87%
	技术合同成交项数(项)	4.80%
	技术合同成交额/当地 GDP(%)	26.37%

(2) 熵权 TOPSIS 评价

根据熵权 TOPSIS 方法,计算出长三角地区 4 个省份的技术转移与成果转化能力的正理想解以及负理想解,最后计算出相对贴近度,最终结果如表 4-3 所示。

表 4-3 2015—2021 年长三角地区 4 省份正负理想解与相对贴近度

年份	省份	正理想解距离 $S+$	负理想解距离 $S-$	相对贴近度 C
2015	江苏	41 179.603	21 848.786	0.347
2016	江苏	42 379.419	20 282.683	0.324
2017	江苏	42 353.008	20 183.217	0.323
2018	江苏	35 811.322	27 359.497	0.433

（续表）

年份	省份	正理想解距离 $S+$	负理想解距离 $S-$	相对贴近度 C
2019	江苏	34 956.191	28 250.258	0.447
2020	江苏	22 086.635	44 634.522	0.669
2021	江苏	15 985.175	57 492.251	0.782
2015	上海	57 697.362	4 509.762	0.072
2016	上海	58 064.72	13 658.287	0.190
2017	上海	47 334.502	18 250.707	0.278
2018	上海	50 375.806	18 159.57	0.265
2019	上海	49 311.533	20 390.022	0.293
2020	上海	45 701.488	22 366.022	0.329
2021	上海	41 825.405	27 082.005	0.393
2015	浙江	41 045.417	21 488.441	0.344
2016	浙江	41 475.859	21 326.091	0.340
2017	浙江	41 864.777	20 995.756	0.334
2018	浙江	36 171.506	26 480.398	0.423
2019	浙江	35 928.442	26 745.045	0.427
2020	浙江	27 743.621	35 560.257	0.562
2021	浙江	20 963.301	44 148.069	0.678
2015	安徽	57 938.86	4 301.195	0.069
2016	安徽	57 538.877	4 709.537	0.076
2017	安徽	57 601.345	4 717.744	0.076
2018	安徽	55 779.396	6 655.388	0.107
2019	安徽	55 623.299	6 832.015	0.109
2020	安徽	52 350.86	10 325.797	0.165
2021	安徽	49 511.73	13 375.237	0.213

采用线性加权的方法进一步测算出长三角地区 4 省份的技术转移与成果转化能力的相对接近程度,进而得到长三角地区各省份技术转移与成果转化评价对象与最优方案的相对贴近度,本书中的相对贴近度大小代表样本中各省技术转移与成果转化能力的高低,相对贴近度的值分布在 0 和 1 之间。若技术转移与成果转化的相对贴近度接近 1,说明该地的技术转移与成果转化能力较强。根据长三角地区各省份情况,2015—2021 年各省份的技术转移与成果转化能力整体呈现出上升的趋势,综合来看,江苏省的技术转移与成果转化能力最强,其次是浙江省,再次是上海市,安徽省则处于落后地位。

从评价结果来看,江苏省技术转移与成果转化能力较强的原因可能在于,近年来江苏逐渐把促进科技成果转移转化当成推动经济高质量发展的重要引擎,把技术转移工作纳入高质量考核指标,深入践行科技"三服务"。

(3) QR 分位数回归分析

由长三角地区 4 省份的技术转移与成果转化的评价结果可明显看出,2015—2021 年长三角 4 省份的技术转移与成果转化能力存在一定差异。为了进一步分析可能导致该差异的原因,本书将采用 QR 分位数回归模型来厘清长三角地区 4 省份技术转移与成果转化能力的影响因素。具体来说,本书以技术转移与成果转化综合评价结果的相对接近度作为被解释变量,以省级以上科技企业孵化器数量(x_1)、科研机构数(x_2)、技术转移与成果转化法规与激励政策办法出台数量(x_3)、当地 GDP(x_4)、高新技术产业企业数(x_5)作为解释变量进行回归分析。选取 0.25~0.75 分位点来分析各个解释变量对长三角地区各省份技术转移与成果转化能力的影响。表 4-4 展示了分位数回归结果。从表 4-4 可看出,省级以上科技企业孵化器数量、当地 GDP、高新技术产业企业数对长三角地区的技术转移与成果转化能力具有显著的影响,科研机构数、技术转移与成果转化法规与激励政策办法出台数量对于技术转移与成果转化能力却没有显著的促进或抑制作用。

从省级以上科技企业孵化器数量来看,在 0.25 和 0.5 的分位数上,其对技术转移与成果转化会产生显著的负向作用。通常情况下,科技企业孵化器主要是以促进科技成果转化、培育科技企业和企业家精神为宗旨的,在本研究中其并没有发挥出促进作用,可能的原因在于目前长三角各省市的省级以上科技企业孵化器数量还不够多,无法有效发挥出促进科技成果转移转化的积极作用。这也说明在今后的工作中,需要加大力度建设科技企业孵化器,为技术转移与成果转化提供良好的环境。

表4-4 分位数回归结果

解释变量	技术转移与成果转化分位数		
	0.25	0.50	0.75
常数	-0.135 (-1.088)	-0.148 (-1.371)	0.056 (0.470)
省级以上科技企业孵化器数量 x_1	-0.001*** (-3.341)	-0.000* (-1.890)	-0.000 (-0.323)
科研机构数 x_2	0.000 (0.046)	0.001 (0.660)	-0.000 (-0.318)
技术转移与成果转化法规与激励政策办法出台数量 x_3	-0.002 (-0.960)	-0.003 (-1.670)	-0.004 (-1.419)
当地GDP x_4	0.000*** (6.181)	0.000*** (4.353)	0.000 (1.399)
高新技术产业企业数 x_5	0.000*** (4.909)	0.000*** (5.414)	0.000** (4.122)
样本量	28	28	28
R^2	0.747	0.704	0.704

注:* $p<0.1$,** $p<0.05$,*** $p<0.01$,括号里面为 t 值。

当地GDP对技术转移与成果转化存在显著的促进作用。原因在于,长三角各地区的经济发展水平越高时,能够为研究与试验人员提供充足经费,这有利于技术转移与成果转化能力的提升,对人才的集聚吸纳能力也会越强,可以间接地吸引更多的科技创新活动人员的投入,进而促进技术转移与成果转化。此外,高新技术产业企业对技术转移与成果转化也存在着促进作用。这说明高新技术企业已成为影响技术转移与成果转化的重要因素,其研究开发与技术成果转化能力较强,能够形成企业核心自主知识产权。高新技术企业能够促进企业科技转型,提升企业品牌形象,提高企业市场价值,在本领域中具有较强的技术创新能力、高端技术开发能力,进而为当地的技术转移与成果转化提供了坚实的基础。

4.2 长三角地区技术转移与成果转化效率分析

4.2.1 指标设计与分析方法

(1) 评价指标体系构建

技术转移与成果转化的效率通常包含多个投入和产出变量,需要从投入和产出两个方面来选择相应的指标。根据以往研究,投入指标多包含人力投入和资金投入两方面,而产出指标大多可分为专利产出和经济产出。例如,投入类指标通常有科技活动人员、研发成果应用支出经费、R&D 成果应用、科技活动经费、R&D 人员全时当量等(彭峰等,2016;高擎等,2020;钟卫等,2018)。产出类指标有专利授权量、技术合同成交额、新产品销售收入、发明专利授权数等(杨剑等,2022;肖兴志等,2019)。本书根据技术转移与成果转化可能会涉及的关键因素,结合以往学者研究,将投入部分分为财政资源投入和人力资源投入,产出部分分为创新成果产出与产出转化效益。

投入变量选择:根据国家统计局于 2019 年发布的《研究与试验发展(R&D)投入统计规范(试行)》,科技经费在我国主要可以分为三大类,即研究与试验发展(R&D)经费、R&D 成果应用经费和科技服务经费,而财政科技支出是保障基础研究和关键核心技术攻关等资金需求的重要支撑。基于数据的可获得性,本书将研究与试验发展(R&D)经费和财政科技支出作为财政资源投入变量。由于研究与实验发展人员以及科技活动人员在创新过程中发挥着重要作用,在技术转移与成果转化过程中不容忽视,因此,本书将其作为人力资源投入变量。

产出变量选择：专利授权数、有效发明专利数以及有效发明专利密度以专利的形式来展现出科技成果的多少（王方等，2013），论文的产出从学术上体现了科研创新能力的强弱（许晓冬等，2022），科技成果奖则从获奖层面来对技术转移与成果转化的效果进行度量。综合上述考虑，本书将有效发明专利密度、科技论文数量、专利授权数和省部级科技成果奖数量作为创新成果产出变量。不仅如此，技术合同成交额和项目数量是反映科技成果转化的重要指标（周俊亭等，2021），而高新技术企业有着知识密集、技术密集性特征，能持续进行研究开发与技术成果转化。因此，产出转化效益部分包含技术合同成交额、技术合同成交项数、技术合同成交额占当地GDP比值以及高新技术产业企业数等相关变量。

环境变量选择：本书将可能影响技术转移与成果转化的环境因素分为服务环境、科技政策环境以及经济发展环境三个方面，服务环境是指对技术转移与成果转化提供相关服务的因素，科技政策环境是对技术转移与成果转化能够提供政策支撑的因素，而经济发展环境和地区的经济发展程度密切相关。结合以往学者的研究以及相关数据的可获得性，选取了省级以上科技企业孵化器数量、科研机构数、技术转移与成果转化法规与激励政策办法出台数量以及当地GDP总量等作为环境变量。

相关变量的具体指标定义及衡量方式见表4-5。

表4-5　长三角地区技术转移与成果转化效率评价指标的说明

类别	维度	具体指标	计算方法
技术转移与成果转化资源投入	财政资源投入	I1：研究与试验发展经费支出占该地区国内生产总值比重	研究与试验发展经费支出/该地区国内生产总值
		I2：财政科技支出占财政支出比重	科技支出/财政总支出（%）
	人力资源投入	I3：研究与实验发展人员数量	研究与实验发展人员数量（人）
		I4：从事科技活动人数	从事科技活动人数（人）

(续表)

类别	维度	具体指标	计算方法
技术转移与成果转化绩效产出	创新成果产出	O1：有效发明专利密度	每万人数拥有的各地区每年有效发明专利数（件/万人）
		O2：科技论文数量	中国科技人员在国内外发表论文数量（篇）
		O3：专利授权数	专利授权数（件）
		O4：省部级科技成果奖数量	省部级科技成果奖数量（个）
	产出转化效益	O5：技术合同成交额	技术合同成交额（亿元）
		O6：技术合同成交项数	技术合同成交项数（项）
		O7：技术合同成交额占比	该年份该地区技术合同成交金额占当地GDP比值（%）
		O8：高新技术产业企业数	高新技术产业企业数（个）
技术转移与成果转化环境因素	服务环境	E1：省级以上科技企业孵化器数量	省级以上科技企业孵化器数量（个）
		E2：科研机构数	科研机构数（个）
	科技政策环境	E3：技术转移与成果转化法规与激励政策办法出台数量	技术转移与成果转化法规与激励政策办法出台数量（个）
	经济发展环境	E4：当地GDP总量	当地GDP（亿元）

(2) 样本选择与数据来源

本书以长三角地区的江苏省、上海市、浙江省和安徽省4个省份作为研究对象，基于4个省份2015—2021年的投入产出数据及其所在地的环境变量数据，分析长三角地区的技术转移与成果转化效率以及动态发展趋势。由于中国的各类年鉴是对上一年度数据的总结，因此本书研究数据主要来源于2016—2022年的《中国统计年鉴》《中国数据统计年鉴》以及《江苏统计年鉴》等相关城市的统计年鉴，部分数据如技术转移与成果转化法规与激励政策办法出台数量,则通过查询地方政府官网并通过人工整理计算得出,其他少数缺失数据则通过插值法计算获得。

(3) 研究方法

DEA最初是由Charnes等(1979)提出的衡量决策单元投入产出效率的一种计算效率值的非参数模型,在经过后续学者的改进和完善后发展了多种类型的DEA模型。传统DEA模型中,最终得出的效率值可能会被内部管理无效率、外部环境和随机误差项三种因素所干扰,而三阶段DEA则能有效避免外部环境和随机因素的干扰(Fried et al.,2002)。因此本书引入三阶段DEA模型来消除外部环境与随机误差项对效率评价单元的影响,以便更加客观、准确地评估各决策单元效率。三阶段DEA模型的基本原理主要包含三个阶段:

第一阶段:运用传统的DEA模型测度决策单元的效率值,并求得投入和产出的松弛值,对于本项目而言,采用投入导向下对偶形式的DEA-BCC模型:

$$\min \theta$$

$$s.t. \begin{cases} \sum_{i=1}^{n} \lambda_i x_{ij} + s^- = \theta x_{0j} \\ \sum_{i=1}^{n} \lambda_i y_{ir} - s^+ = y_{0r} \\ \sum_{i=1}^{n} \lambda_i = 1 \\ \lambda_i \geqslant 0; s^+ \geqslant 0; s^- \geqslant 0 \end{cases}$$

其中,$i=1,2,\cdots,n$;$j=1,2,\cdots,m$;$r=1,2,\cdots,s$;n为决策单元的个数,m和s分别为投入与产出变量的个数,x_{ij}为第i个决策单元的第j个投入要素,y_{ir}为第i个决策单元的第r个产出要素,θ为决策单元的有效值。BCC模型计算出来的效率值为综合技术效率值(TE),进一步分解为规模效率(SE)和纯技术效率值(PTE)的乘积,即TE = SE·PTE。

第二阶段：将第一阶段得到的 4 个投入变量的松弛变量作为被解释变量，将标准化之后的环境变量作为解释变量，构建 SFA 模型，分析影响技术转移与成果转化效率的环境因素。SFA 回归可以将所有决策单元调整到相同的外部环境中，能够避免环境因素和随机因素对效率测度的影响，得到的效率值能够直接反映管理水平的高低。

第三阶段：调整后的 DEA 模型。将调整后的投入数据代替原始投入数据，再次运用 DEA-BCC 模型进行技术转移与成果转化的效率评估，最后得到剔除环境因素变量以及随机误差项之后各个地区的技术转移与成果转化效率值。

4.2.2 评价结果分析

(1) 第一阶段 DEA 分析

采用 DEA2.1 软件测量出第一阶段长三角地区 4 个省份的技术转移与成果转化效率，如表 4-6 所示。从时间趋势上看，江苏的技术转移与成果转化综合效率整体上呈现上升趋势，尽管在 2016 年下降，但第二年上升，且 2019—2021 年的综合效率值均为 1；上海在样本期间内，除了 2020 年的综合效率值为 0.952 以外，其他年份均为 1，整体来看上海的技术转移与成果转化效率较高；浙江的综合效率值在 2019 年下降，随后增加，到 2021 年效率值为 1；安徽的综合效率值在 2016 年下降，随后几年逐年递增。从投入冗余的角度来看，浙江和上海的投入冗余较少，存在明显的稀缺性，相应的增加资源供给和优化资源配置是提高地区技术转移与成果转化效率的关键所在。江苏和安徽的投入冗余较为明显，说明两地在财政资源配置和人力资源管理等方面存在较大的改进空间。整体而言，结合表 4-6 中的数据计算可知，在 2015—2021 年的 7 年间，上海的技术转移与成果转化效率均值最高，为 0.993 14，其效率值在 0.95~1 之间浮动；浙江位居第二，技术转移与成果转化效率均值为 0.990 13，在 2019 年处于规模报酬递增，2020 年规模报酬递减；江苏位于第三，效率均值为 0.943 57；安徽的技术转移与成果转化效率均值最低,为 0.872 43,低于 0.9。

由于第一阶段 DEA 分析存在外部环境因素和随机扰动因素对技术转移与成果转化效率的影响,当前的效率值无法反映出真实的地区技术转移与成果转化效率情况,接下来将进行 SFA 回归分析。

表 4-6 长三角地区 4 省份第一阶段 DEA 分析结果

省份	年份	技术效率	规模效率	综合效率	规模报酬	投入冗余			
						I1	I2	I3	I4
江苏	2015	0.983	0.970	0.954	irs	0	0	42.459	24.925
上海	2015	1	1	1	—	0	0	0	0
浙江	2015	1	1	1	—	0	0	0	0
安徽	2015	1	0.756	0.756	irs	0	0	18 218.710	1.483
江苏	2016	0.936	0.820	0.767	irs	0	0	0	16.972
上海	2016	1	1	1	—	0	0	0	0
浙江	2016	1	1	1	—	0	0	0	0
安徽	2016	1	0.694	0.694	irs	0	0.005	16 512.230	0
江苏	2017	0.974	0.957	0.932	irs	0	0	13 230.090	19.992
上海	2017	1	1	1	—	0	0	0	0
浙江	2017	1	1	1	—	0	0	0	0
安徽	2017	0.991	0.785	0.778	irs	0	0.012	18 466.150	0
江苏	2018	0.990	0.962	0.952	irs	0	0	0	3.623
上海	2018	1	1	1	—	0	0	0	0
浙江	2018	1	1	1	—	0	0	0	0
安徽	2018	1	0.879	0.879	irs	0	0.019	33 872.690	0
江苏	2019	1	1	1	—	0	0	0	0
上海	2019	1	1	1	—	0	0	0	0
浙江	2019	0.952	0.995	0.947	irs	0	0.003	4 435.925	4.286
安徽	2019	1	1	1	—	0	0	0	0
江苏	2020	1	1	1	—	0	0	0	0
上海	2020	0.975	0.977	0.952	irs	0.056	0.004	0	0
浙江	2020	0.995	0.989	0.984	drs	0	0	7 264.662	0

(续表)

省份	年份	技术效率	规模效率	综合效率	规模报酬	投入冗余			
						I1	I2	I3	I4
安徽	2020	1	1	1	—	0	0	0	0
江苏	2021	1	1	1	—	0	0	0	0
上海	2021	1	1	1	—	0	0	0	0
浙江	2021	1	1	1	—	0	0	0	0
安徽	2021	1	1	1	—	0	0	0	0

注:"irs""—""drs"分别表示规模报酬递增、不变和递减,下同。

(2) 第二阶段 SFA 实证分析

第二阶段的 SFA 回归分析中,将第一阶段的投入变量(松弛值)作为被解释变量,将服务环境、科技政策环境和经济发展环境等的 4 个环境变量作为解释变量,采用 Frontier 4.1 软件进行回归分析。第二阶段的 SFA 回归结果如表 4-7 所示。从表 4-7 可以看出,研究与实验发展人员数量(I3)和从事科技活动人数(I4)投入冗余变量的 γ 在 1% 的显著性水平下显著,表明研究与实验发展人员数量和从事科技活动人数都为管理无效率对投入冗余占有重要影响地位。在 I3 和 I4 中,LR 的单边似然比检验在 1% 水平下显著,表明四种环境因素对 I3 和 I4 两种投入松弛变量均有显著的影响,这也进一步表明第二阶段进行 SFA 回归具有一定的合理性和必要性。然而,财政资源投入的两个投入冗余变量的 γ 值不存在显著性,且四种环境变量的系数均未达到显著性要求。

表 4-7 长三角地区 4 省份第二阶段 SFA 回归结果

变量	I1	I2	I3	I4
常数	−0.002 (1.000)	0.004 8 (1.000)	11 349.268 0*** (947.145 9)	−8.759 7*** (3.173 5)
省级以上科技企业孵化器数量(E1)	−0.021 (1.000)	−0.001 0 (1.000)	3 193.167 4*** (178.020 7)	7.798 4*** (11.585 9)
科研机构数(E2)	0.013 (1.000)	−0.002 9 (1.000)	−7 520.206 9*** (515.572 9)	21.599 3*** (6.627 7)

(续表)

变量	I1	I2	I3	I4
技术转移与成果转化法规与激励政策办法出台数量（E3）	0.003 (1.000)	0.008 2 1 (1.000)	15 709.372 0*** (118.758 9)	2.725 4*** (4.862 3)
当地GDP总量（E4）	0.016 (1.000)	−0.006 9 (1.000)	−18 402.852 0*** (319.094 3)	12.663 6*** (9.349 6)
δ^2	0.000 1	0.000 01	55 487 594.00***	301.659 3***
γ	0.05	0.050 00	0.182 8***	0.960 3***
LR	89.128 774	116.682	1.614 25***	7.207 5***

注：括号内为标准误；***、**和*分别表示在1%、5%和10%置信水平下显著。

从四种环境变量的系数可看出，服务环境中的省级以上科技企业孵化器数量对I3和I4的投入松弛变量回归系数均为正，科研机构数对I3存在负向左右，与I4呈正向促进作用；技术转移与成果转化法规与激励政策办法出台数量对两种投入松弛变量回归系数均为正；当地GDP总量与I3存在负相关系，与I4存在正向关系。具体分析如下：

① 服务环境。服务环境中的省级以上科技企业孵化器数量对I3和I4的回归系数分别为3 193.167 4、7.798 4，在1%水平上显著，这表明科技企业孵化器能够促进地区技术转移与成果转化效率水平的提升。科技企业孵化器能够为科技型企业提供相关的服务与支持，可以在一定程度上降低创业者的创业风险以及创业所带来的巨额成本，从而提高创业的成功率，来有效促进技术转移与成果转化。服务环境中的科研机构数对I3和I4的回归系数分别为−7 520.206 9和21.599 3，均在1%的显著性水平上显著，表明科研机构数多，会减少研究与实验发展人员变量的投入冗余，有利于提高地区技术转移与成果转化的效率，但是相反，会增加科技活动人员投入冗余，这不利于改善技术转移与成果转化的效率。从理论上来说，科研机构是地区科技创新成果重要供给源，能够为地区的产业结构升级提供重要技术支撑。随着研究的不断深入，一方面加强了各研究机构之间的协同合作，促使相关的技术和科研成果转化为生产力，进而提高技术转移与成果转化的效率；另一方

面,科研机构需要大量的高素质高技能人才,但是由于教育运行机制和人才培养模式的固有特点,培养出的人才在掌握的技能上可能会相似,进而会增加相关科技活动人员的冗余,抑制地区技术转移与成果转化效率的提升。

② 科技政策环境。科技政策环境中,技术转移与成果转化法规与激励政策办法出台数量对 I3 和 I4 的回归系数分别为 15 709.372 0 和 2.725 4,均在 1%的水平上显著,说明技术转移与成果转化法规与激励政策办法出台的数量多,会增加研究与实验发展人员数量和科技活动人员的投入冗余现象。尽管技术转移与成果转化的相关法规和激励办法多,可能会激励相关人员和机构投身于技术转移和成果转化的工作中来,但是由此也会造成相关的工作人员过多的情形,在一定程度上造成人员投入的冗余现象,从而不利于地区的技术转移与成果转化效率的提高。

③ 经济发展环境。该环境变量主要为各地区的 GDP 总量,其与 I3 和 I4 的回归系数分别为 -18 402.852 0 和 12.663 6,在 1%的显著性水平上显著,说明经济发展水平会减少研究与实验发展人员投入冗余,增加科技活动人员投入冗余。各地的经济发展水平高时,能够为研究与试验人员提供充足经费,这有利于技术转移与成果转化效率提升。但是地区经济发展水平越高,对人才的集聚吸纳能力也会越强,可以间接地吸引更多的科技创新活动人员的投入,过多的科技活动人员投入则会造成投入冗余现象,反而会抑制技术转移与成果转化效率提升。

(3) 第三阶段调整后的 DEA 模型分析

在第二阶段利用 SFA 剔除了外部环境因素及相关的随机干扰后,将调整后的投入变量值替换原始投入数据,保持产出数据不变,再次将调整后的投入数据与原始的产出数据导入 DEAP 2.1 软件,并且利用 BCC 模型进行效率评估,最终得出了排除环境因素和随机误差的技术转移与成果转化综合效率、纯技术效率和规模效率,相关结果见表 4-8。从表 4-8 可看出,在消除环境因素和随机扰动的影响之后,调整后的规模效率、技术效率以及综合效率均发生了变化,不同地区的效率值变化不同。2015—2021 年间,江苏省调整后的技术效率和综合效率的均值有所下降,而规模效率的均值有所上升;上海市的技术效率均值存在上升情形,而规模效率和综合效率均值有所下降;浙江省和安徽省三个效率的值存在统一上升或下降的趋势,例如,浙江省三种效率均值在调整后均有所上升,而安徽省三种效率均值在调整后均有所下降。这也间接表明各地区的技术转移与成果转化效率受服务环境、科技政策和经济发展环境以及随机误差的影响较大,样本中的各地区在上述三种环境因素以及随机误差的干预下存在着效率虚高/偏低的现象。

表 4-8 第三阶段技术转移与成果转化效率分析

省份	年份	技术效率	规模效率	综合效率	规模报酬	投入冗余			
						I1	I2	I3	I4
江苏	2015	0.974	0.974	0.949	irs	0	0	0	1.302
上海	2015	1	1	1	—	0	0	0	0
浙江	2015	1	1	1	—	0	0	0	0
安徽	2015	1	0.703	0.703	irs	0	0	9 003.07	3.579
江苏	2016	0.922	0.83	0.765	irs	0	0	0	3.497
上海	2016	1	1	1	—	0	0	0	0
浙江	2016	1	1	1	—	0	0	0	0
安徽	2016	0.994	0.638	0.634	irs	0	0.002	7 360.939	0
江苏	2017	0.975	0.946	0.922	irs	0	0	3 456.618	0.709
上海	2017	1	0.997	0.997	irs	0.173	0.012	0	0
浙江	2017	1	1	1	—	0	0	0	0
安徽	2017	0.986	0.713	0.703	irs	0	0.001	7 277.494	0
江苏	2018	0.988	0.962	0.951	irs	0	0	0	0
上海	2018	1	0.997	0.997	irs	0	0.032	2 585.559	0
浙江	2018	1	1	1	—	0	0	0	0
安徽	2018	1	0.77	0.77	irs	0	0	9 786.305	0
江苏	2019	1	1	1	—	0	0	0	0
上海	2019	1	1	1	—	0	0	0	0

(续表)

省份	年份	技术效率	规模效率	综合效率	规模报酬	投入冗余			
						I1	I2	I3	I4
浙江	2019	0.956	0.992	0.948	irs	0	0	0	0.008
安徽	2019	1	1	1	—	0	0	0	0
江苏	2020	1	1	1	—	0	0	0	0
上海	2020	0.989	0.965	0.954	irs	0	0.001	67.968	0
浙江	2020	0.996	0.994	0.99	drs	0	0	0	0
安徽	2020	1	1	1	—	0	0	0	0
江苏	2021	1	1	1	—	0	0	0	0
上海	2021	1	1	1	—	0	0	0	0
浙江	2021	1	1	1	—	0	0	0	0
安徽	2021	1	1	1	—	0	0	0	0

调整前后 4 个省份的技术转移与成果转化综合效率变化趋势分别如图 4-1 和图 4-2 所示。在调整各个投入变量之后，各个省份的技术转移与成果转化效率值的大小有着明显变化，但整体来看，各省份的变化趋势差异不显著。例如，江苏技术转移与成果转化综合效率整体趋势变化不大，均在 2019 年后上升至 1，调整前，2016 年的综合效率值大于 0.767，而调整后却小于 0.765，

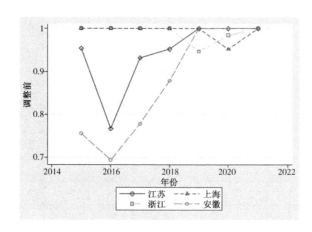

图 4-1 调整前 4 省份技术转移与成果转化综合效率变化趋势

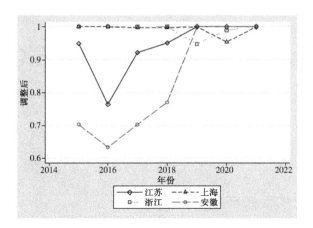

图 4-2　调整后 4 省份技术转移与成果转化综合效率变化趋势

降低了 0.002。这充分说明各省份在进行技术转移和成果转化时需要兼顾可能存在的外部影响因素，尽量减少外部因素所带来的不利影响。

第五章 技术转移与成果转化案例分析

5.1 国内技术转移与成果转化案例

5.1.1 引言

在当今知识经济快速发展的时代,科学技术的迅猛进步和全球化进程的深入推进,使得各国对自主创新能力的依赖程度日益加深。高等教育机构作为科研创新的重要力量,承担着推动社会进步和经济发展的重任。高校不仅是知识创造的重要场所,也是技术创新的源泉。然而,如何将这些源自高校的科研成果转化为可以推广和应用的实际生产力,成为当前备受关注的课题。

科研成果转化,亦即将学术研究中产生的创新技术和发明专利成功应用于市场,是一个充满挑战的过程。在这个过程中,科研成果不仅需要从实验室走向产业化,还需要通过技术许可、专利转让等方式实现经济价值。这要求科研人员不仅需要具备扎实的专业知识,同时还需要熟悉知识产权管理、市场运作以及相关政策法规等方面的内容。更为重要的是,要实现科研成果的市场化应用,还需要有效的产学研合作机制以及政策和市场方面的支持。

山东理工大学毕玉遂教授团队的 5.2 亿元专利转让案例,正是在这样的大背景下产生的。该团队在技术研发、知识产权保护、市场应用等多个环节上的出色表现,表明高校不仅能够在科技创新方面取得重大突破,还能够通过有效的机制和方法,实现科研成果的高效转化。此次技术转让,不仅创造了中国高校专利转让的纪录,也为促进高校创新成果的市场化提供了宝贵的经验。

研究这一案例,不仅能够深入了解高校科研成果转化的具体实施路径和成功要素,还能够总结提炼出可借鉴的经验和模式,帮助其他科研团队和高校建立起更为高效的成果转化机制。此外,这一案例的成功也为政策制定者提供了重要的参考,有助于推动相关政策的完善和创新环境的优化。因此,研究毕玉遂教授团队的技术转让案例,具有重要的现实意义。

本研究旨在通过对毕玉遂教授团队技术转移成果转化案例的深入分析,明确以下几个核心问题:

(1)毕玉遂教授团队和山东补天新材料技术有限公司(简称补天公司)之间的技术转让过程是如何进行的?

(2)该案例中成功的关键因素有哪些?

(3)在技术转让的过程中遇到了哪些挑战,又是如何应对这些挑战的?

(4)此次技术转让对于相关行业以及高等教育科研成果转化机制有何启示和影响?

为了深入剖析并回答上述研究问题,本研究将采用定性研究方法,综合运用案例分析法、多元数据分析法以及专家访谈法,以确保研究的全面性和深入性。通过对这些核心问题的讨论,本研究不仅剖析这一技术转让成功的内在机制和影响,还希望能够为其他高校和科研团队提供具体的策略指导和实践参考。同时,本研究也希望能为政策制定者提供一些建设性的意见,有助于形成更加有利于科技成果转化的政策环境。

5.1.2 文献综述

科技成果转化,指的是将科学研究成果通过一系列机制和措施变成实际的生产力,包括但不限于技术转让、技术许可、新企业孵化等模式。学术界对此有着丰富的研究,涵盖了从理论探讨到实践案例分析的各个层面。

Etzkowitz 等(2000)提出的"大学-工业-政府"三角模型,强调了三者之间的相互作用在推动科技成果转化过程中的重要性。Siegel 等(2003)则通过对美国大学的调研,分析了高校科研成果转化的组织机制及其效率,强调了组织内部激励和外部市场需求的影响因素。

在中国的发展历史中,随着经济体制的转型和科技创新战略的实施,高等教育科研成果转化逐渐被提上日程。从政策层面,中国政府陆续推出了一系列旨在促进科技成果转化的政策和措施,如"十三五"规划对科技创新和成果转化提出的具体要求,意在构建高效的科研成果转化机制。

在实践层面,高校技术转移成果转化的案例日益增多,这些案例为我们提供了珍贵的经验和教训。国外在这方面的经验较为丰富,如美国斯坦福大学和麻省理工学院等高校在促进科研成果转化方面取得了显著成效,它们建立了完善的科研成果管理和转化机制,加强了与企业的合作(Mowery et al.,2005)。相比之下,中国高校在科技成果转化过程中仍面临着一些挑战,包括科研与市场的脱节、知识产权保护不力等问题(Zhou et al.,2006)。

毕玉遂教授团队的技术转移案例,作为中国高校技术转让领域的一个标杆,具有重要的研究和借鉴价值。该案例突破了一些传统的科研成果转化障碍,如通过有效的知识产权管理和市场化运作策略,成功将科研成果转换为显著的经济效益,并且引起了社会各界的广泛关注和讨论。

通过对前述文献和案例的综述,我们可以发现,科技成果的转化不仅仅是技术问题,更是一个复杂的系统工程,它涉及组织机制、市场需求、政策支持、团队协作等多个方面。毕玉遂教授团队的案例为我们提供了一个成功转化科研成果的范例,其经验和教训对于推动高校科技成果转化具有重要的参考价值。未来,随着科技创新的不断加速和市场需求的日益增长,如何有效地促进科研成果的转化,将是高校、政府乃至整个社会需要共同面对和解决的重要课题。

5.1.3 案例背景

毕玉遂教授所领导的团队在化学发泡剂研发上取得的成就,是中国科研实力和创新能力的重要展示。一项发明的诞生可能仅是几个瞬间的灵感，但将这一点燃的火花转化为燎原之势，却需要背后数不尽的日夜探索。

毕玉遂教授团队的研究聚焦于无氯氟聚氨酯化学发泡剂，这项技术的开发意味着在环保领域取得了里程碑式的进展。传统的聚氨酯发泡剂含有对臭氧层有害的氯氟化合物，长期以来受到国际上的严格管控和逐步淘汰。毕玉遂教授团队研发的新型发泡剂不仅摒除了有害物质，而且在技术上实现了突破，它使得产生的泡沫材料拥有更优越的综合性能，同时大幅度降低了二氧化碳排放。

产业化转化过程中，一直存在着一个障碍，即如何将科技成果高效地转换为实际生产力。在这个过程中，毕玉遂团队提出了创新的技术解决方案，但也面临了知识产权保护的重大挑战。数据被盗窃事件警醒了团队，团队迅速采取行动，并在山东理工大学及国家知识产权局的支持下，建立了全面的知识产权保护体系。

尽管当时找不到既懂知识产权保护，又能理解发泡剂技术的专利服务机构，毕玉遂教授和山东理工大学依然通过不懈努力，最终找到了合适的专利申请路径。在国家知识产权局的协助下，新型聚氨酯化学发泡剂的关键技术得到了全面的法律保护。这一步骤的完成，为山东理工大学带来了巨大的经济利益。

专利最终的转让，不仅是经济效益的体现，更是科研团队劳动成果转化的重要里程碑，不仅对国内高校科研转化模式产生了深远的影响，在国际上也引起了广泛的重视，成为中国高校科研成果商业化的一个典范。

此外，在全国碳排放权交易市场启动之际，毕玉遂团队研究的发泡剂技术更是收获了额外的关注。这不仅凸显了其团队所做工作的时代价值，也预示着其技术在全球范围内为碳排放权交易市场带去的无限潜能。在环保和绿色发展日益成为世界关注焦点之时，毕玉遂团队的成果为中国乃至全球的环保事业贡献了巨大的力量。

毕玉遂教授团队，从迫切的环保需求出发，经过长达14年的科研探索，跨越了知识产权保护、市场应用与产业合作层面的重大挑战，最终实现了历史性的科技成果转化与产业化。这是中国创新驱动发展战略下的卓越成就，不仅彰显了科研在应对全球性挑战中的重要作用，更为未来的科研工作和产业化发展提供了宝贵的经验和借鉴。

5.1.4 案例分析

5.1.4.1 技术转移成果转化过程分析

（1）创新驱动的起点

毕玉遂教授及其研究团队，在无氯氟聚氨酯化学发泡剂的研发过程中触发了一场革命。这项技术，旨在替代传统发泡剂中含有的氯氟化合物，不仅因其环保特性受到重视，还因破解了长达数十年的技术壁垒而成为焦点。自启动研究项目起，团队经历了14年的持续探索和实验，这一历程充满了对未知的追求和对难题的不懈解决。自2010年取得重要研发进展。毕玉遂教授团队不仅验证了他们的理论假设，更在实践中实现了技术突破，成功合成了新型化学发泡剂。这一关键节点，不仅是技术研发的转折点，也是整个项目从理论迈向应用的新起点。技术突破对于团队而言，意味着更宽阔的研究视野和更大的发展潜力，开启了向产业化迈进的大门。

（2）面临的挑战和解决策略

随着技术研发的深入，毕玉遂教授团队很快意识到，将科研成果转化为实际生产力并非易事。知识产权的保护成为首要面对的挑战。最初，团队出于保护技术的考虑，长时间没有选择申请专利。直到2013年，一个不幸的数据盗窃事件发生，迫使团队重新审视专利保护的重要性。在面对如何保护技术成果的难题时，山东理工大学提供了重要支持。山东理工大学认识到，知识产权保护不仅是保障科研成果不被侵权的手段，更是推动科技成果转化为生产力的关键一环。在校方的协助下，毕玉遂教授团队开始寻找能够理解新型发泡技术精髓，并熟悉知识产权申请流程的专利代理机构。通过与校方的共同努力，毕玉遂教授团队最终找到了解决方案，成功为他们的技术成果申请了专利。

(3) 政策与指导

在知识产权保护策略成功规划之后,团队面临的下一个挑战是如何将这项技术推向市场。在这一过程中,国家政策的指导和支持起到了不可替代的作用。山东理工大学向国家相关部门汇报了毕玉遂教授团队的研究成果和该成果对环境保护的巨大潜力。2016年,经国家多部门联合评估和审查,该技术获得了政府的重视与支持。其中,国家知识产权局"微观专利导航项目工作组"的介入,对技术成果的专利布局起到了决定性的作用。该工作组不仅为毕玉遂教授团队提供专业的知识产权保护建议,还辅助完成了专利的申请与布局。这一过程体现了国家对于科技创新成果的高度重视,同时也彰显了系统性政策支持在科研成果产业化过程中的重要作用。

(4) 专利申请与策略性布局

毕玉遂教授团队经过与工作组深入商讨,最终以申请包括国内外专利在内的多项专利来保护他们的知识产权。通过策略性布局,不仅保护了技术发明的核心,还为未来可能的商业应用奠定了基础。这些专利成为毕玉遂教授团队在科研成果转化过程中的重要资产,为接下来的商业谈判提供了坚强的后盾。

(5) 技术成果市场化

补天公司对毕玉遂教授团队的发明技术表示出浓厚的兴趣,并很快展开了合作。这种基于共同利益和市场前景预测的合作,不仅促进了科技成果的快速转化,更推动了高新技术的应用和普及。双方的合作象征着学术研究成果与产业界需求的完美结合,为高校科技成果的产业化探索了一条新路径。技术转让合约签署后,补天公司迅速行动,规划并建立了专门的生产线,使得这项革命性的技术能够被迅速推向市场。他们在淄博市建立的年产10万吨的生产基地,不仅扩大了公司的产能,也在某种程度上推动了地方经济的发展。这一成果的市场推广,提高了公司在新型环保材料领域的市场份额,同时也得到了政府和社会的广泛认可。产品一经上市,其显著的环保效益和技术优势立刻得到了市场的认可。这一技术的应用,减少了大量的温室气体排放,为全球环保事业作出了重要贡献。同时,它还为碳排放权交易市场贡献了新的交易工具和路径,为减碳和绿色发展探索了新模式。

通过毕玉遂教授团队与补天公司的紧密合作,无氯氟聚氨酯化学发泡剂技术从实验室成功走向产业化和市场化,这一转化过程体现了科研成果转化的潜力与价值。这不仅展示了科研与产业合作的巨大潜力,也反映了国家政策引导与支持的重要性。

5.1.4.2 技术转移成果转化成功要素分析

科学研究成果在产业应用中的成功转化,并非单一因素作用的结果,而是多个关键要素协同作用的综合体现。对毕玉遂教授团队关于无氯氟聚氨酯化学发泡剂的研究以及其成功商业化转化过程的深入分析揭示了此次成功背后的多种因素。

首先,不容忽视的是团队内部的多学科协作优势。毕玉遂教授团队成员包括化学、材料科学、环境科学及工程技术等多个领域的人才,这样跨学科的团队结构为其研发工作提供了全面且深入的支持。在团队中,每位成员都在其专长领域内做出了突出贡献,形成了强大的研发力量。这种跨学科的合作方式,加强了团队在解决复杂科学问题上的能力,为实现技术的突破性进展奠定了坚实基础。

有效的研发管理策略是驱动项目向前推进的又一重要因素。团队在毕玉遂教授的领导下,明确了研发目标和方向,制定并执行了严格的研究计划。通过高效的项目管理,团队能够灵活应对研究过程中出现的各种问题和挑战,确保项目按计划有序推进。同时,团队也十分注重研究成果的保护,及时申请了相关发明专利,为技术的商业转化打下了坚实基础。

知识产权的战略管理也起到了不可替代的作用。毕玉遂教授团队对于专利保护的前瞻性思考,体现了他们对于知识产权重要性的深刻认识。通过精心布局专利,并及时申请保护,团队成功为其技术创新构建了坚固的法律壁垒,这不仅减少了技术被模仿或盗用的风险,同时也为将来的技术许可和转让奠定了基础。在国家知识产权局"微观专利导航项目工作组"的辅助下,团队在国内外申请了包含核心技术、制造过程及潜在应用等方面的专利,这些专利的成功申请显著提升了其科技成果的商业价值和市场竞争力。

在科技成果的商业化策略上,毕玉遂教授团队同样表现出了高度的敏锐性和战略思维。他们不仅准确把握了市场需求,还深入了解行业发展趋势,基于此制定了明智的商业化方案。技术转让、许可和合作生产等多种商业化路径的考量,显示了团队在推进科技成果转化方面的灵活性和策略性。与补天公司之间的成功合作,正是基于双方共同的市场洞察和利益一致,此次合作不仅实现了技术的快速市场化,还为团队带来了巨大的经济收益和社会影响,成为高校与企业合作的典范之一。

此外,国家政策的支持对于项目的成功转化起到了至关重要的作用。随着国家对科技创新和环境保护重视程度的不断提高,相关政策和资金的扶持为团队的研究提供了有力的支持。尤其是在专利申请和技术产业化的关键阶段,国家知识产权局的"微观专利导航项目工作组"等专门的政策扶持项目,提供了专业的指导和帮助,使得团队能够顺利完成技术的专利申请,并成功推动了其商业化进程。

团队所研发的无氯氟聚氨酯化学发泡剂技术之所以能够成功实现产业化转化,还离不开对市场需求的准确把握。面对日益严峻的全球气候变化形势,以及各国政府对于减排压力的响应,绿色环保的材料和技术越来越受到市场的欢迎。毕玉遂教授团队研发的无氯氟聚氨酯化学发泡剂,以其卓越的环保性能和经济效益,完全符合当前市场的需求趋势。这一切,使得技术一经推向市场,便获得了广泛的认可和积极的反馈,成为推动其成功商业化的关键因素之一。

毕玉遂教授团队科研成果的成功转化是一个系统工程,涉及科研、管理、法律、市场等多个方面的紧密合作。其中,跨学科团队的集成化协作、对知识产权的重视与策略布局、灵活多元的商业化途径选择以及对政策导向和市场需求的准确把握,共同构成了其成功的关键要素。这一成功案例不仅为科研人员提供了宝贵的经验教训,也为高校科技成果转化和产业升级提供了可持续的发展策略和实践指南,其深远的影响和价值将在未来得到更广泛的认可和应用。

5.1.4.3 技术转移成果转化风险分析

在科研项目从理念到市场的漫长旅程中,不可避免地要面对种种挑战。毕玉遂教授团队的例子不仅展示了这些挑战,也为我们提供了应对这些挑战的策略。

初期,毕玉遂教授团队面对的最大挑战之一是如何保护其技术不被提前泄露,以免在专利申请前被竞争者抢先一步。为此,他们选择了在必要的时刻才公开相关的信息。这种谨慎的做法是在一个偶然事件后采取的,当实验室的计算机数据被盗,团队认识到了立刻申请专利的紧迫性。他们及时地与校方合作,找到了合适的代理机构,并申报专利以确保技术成果的安全。

市场需求的不确定性是另一个重大挑战。毕玉遂教授团队需要确保其研发的产品符合市场需求,并具有商业化的可能性。他们进行了广泛的市场调研,确定了其无氯氟聚氨酯化学发泡剂在绿色材料市场中的潜在需求。通过与行业专家和潜在客户的交流,团队了解到市场对环保材料的热切需求,并据此调整了研发方向和策略。

研发新材料往往需要巨大的前期投入,这对于不少研究团队来说是一个巨大挑战。在资金限制下进行创新研究,必须有高效的资金使用和管理策略。这方面,毕玉遂教授团队通过卓有成效的申请项目基金和政府补助,巧妙地解决了研发资金问题。同时,团队还注重成本控制和资源合理配置,确保每一分投入都用于关键的研发环节。

技术从原型到产品化面临的技术难题也是一个重要挑战。团队不仅要确保技术的创新,还要考虑到其在工业规模上的可行性。与补天公司的合作进一步促进了产品化进程,共同克服了从小试到量产的技术壁垒,并确保了产品能够达到工业应用的标准。

在找到适合的商业化合作伙伴方面,团队也面临了挑战。他们需要一个既理解技术价值,又具有市场拓展能力的伙伴。通过仔细筛选和前期的深度沟通,团队选择了补天公司作为合作伙伴,此举不仅基于补天公司的行业背景和资金实力,更在于双方理念和目标的一致性。

毕玉遂教授团队所面临的挑战及其应对措施,为科研项目的成功商业化提供了宝贵的经验。团队在整个转化过程中展现出的战略思维、灵活适应能力和问题解决能力,为其最终的成功奠定了基础,也为同行科研人员和高校提供了案例指南。这些经验教训证明,只有通过多方面协作,科研成果才能有效地转化为产业成就。

5.1.5 案例启示

在当下快速发展的科技时代,创新往往孕育于交叉学科的碰撞之中。毕玉遂教授团队的成功案例,生动展现了多学科融合在促进科技创新和技术突破中的巨大优势。团队成员来自化学、材料科学、环境科学及工程技术等不同领域,这样多元的学科背景为解决复杂技术问题提供了广泛的视角和解决方案。跨学科合作推动了创意和灵感的碰撞,从而加速了无氯氟聚氨酯化学发泡剂研发项目的成功实施,侧面证明了高效团队合作对于实现科研突破的重要性。

在面对技术创新过程中的未知和挑战时,跨学科团队能够更好地发挥集体智慧,提升解决问题的能力。例如,在应对知识产权保护等法律问题时,团队内部就能够借助法律专家的专业知识,制定出合适的技术保护和专利申请策略。此案例强调了在科研项目开展之初,就应充分考虑团队构建的多学科性,以确保科技创新的高效率和高质量。

毕玉遂教授团队的经验告诉我们,在科研成果转化的道路上,单一学科的知识远远不够。未来科研项目的成功越来越依赖于多学科知识的融合与创新，这对于科研人员的跨学科学习能力提出了更高要求。同时，这也意味着科研机构和高等院校需要进一步打破传统学科壁垒，鼓励并促进跨学科合作，为科技创新提供更加广阔的空间。

毕玉遂教授团队的案例进一步凸显了在科研成果转化过程中，明确知识产权策略的核心地位。面临技术泄露和数据被盗等风险时，团队及时采取行动，通过合理有效的专利申请与布局策略，为其科研成果建立了坚实的保护屏障。团队不仅关注其核心技术的保护，还致力于对该技术可能的应用范围和未来发展方向的前瞻性布局。这一过程强调了在科研项目初期，就应对知识产权保护给予充分的重视，并制定全面的保护策略。

通过与专业的知识产权机构合作，毕玉遂教授团队应对了专利申请过程中的挑战，彰显了专业知识在此过程中的重要性。此外，国家知识产权局"微观专利导航项目工作组"的介入为团队提供了宝贵的支持，进一步体现了政策引导对于提升科技成果转化效率的作用。这告诉我们在科研项目管理中，科研工作者应主动接触并利用现有的政策资源，获取专业的知识产权保护和管理指导。

显然，科技成果的产业化转化并非封闭进行，它需要紧贴市场需求与发展趋势。毕玉遂教授团队通过深入的市场调研，明确了其研发方向与市场需求的紧密结合。案例展现了如何通过市场研究来指导科研方向，调整研发策略，使科研成果不仅在技术上领先，同时在市场上具有竞争力。团队成功预见并对接了环保新材料市场的需求，有效地将科技成果转化为满足绿色发展需求的商业产品。

团队在预测和响应市场变化中所展现的敏锐性，强调了科研人员应不断提升市场意识，将其作为科研项目管理不可或缺的一部分。这也意味着在未来的科研项目中，跨领域合作——将科研力量与市场分析能力结合起来——将变得日益重要。

总之，通过毕玉遂教授团队的案例，我们了解到科研成果的成功转化是一个复杂但可控的过程。明确的知识产权策略为成果保驾护航，而紧密跟随市场需求的科研方向则确保了成果转化的最终成功。这些经验教训为未来类似的科技成果转化提供了重要参考，强调了策略规划、市场调研与专业知识在整个转化过程的至关重要性。

5.2 国外技术转移与成果转化案例分析

5.2.1 引言

在当今知识经济迅速发展的背景下，高校科技成果转化成为推动科学技术进步与经济社会发展的重要力量。高校拥有丰富的科研资源和创新成果，但这些成果能否有效转化为实际的生产力，往往取决于高校的技术转移机制。牛津大学，作为世界知名的高等学府，其技术转移机构 ISIS 创新有限公司，已成为全球技术转移领域的杰出代表。

英国总体科研实力非常雄厚，其科学研究与发展（R&D）一直保持着很高的水准。英国用仅占世界 1% 的人口进行着世界上 5% 的科学研究，发表了世界上 9% 的科学论文，且这些论文获得了全世界约 12% 的引用比例。诺贝尔奖获得者的人数也处于领先地位。20 世纪 80 年代以来，英国陆续进行了多项改革，以促进其科技成果的商业转化：搭建科技成果转化平台、给予资金支持、改革法案。尤其是 1984 年 11 月，英国保守党政府废除了 1967 年《发明开发法》中"由政府资助的研发成果一律归国家所有"的规定，使得大学和研究者有机会获得由公共资金资助研究所产生的知识产权的所有权。英国高校和科研院所对科技成果转化的积极性大大提高。很多高校通过设立专门机构、给予资金支持、拓展融资渠道等方式帮助本单位及其研究人员实现科技成果的商业转化。在实践中，很多高校的经济收益得到了大幅提高，英国商业也得到了整体快速提升。在科技成果转化中，牛津大学以其丰硕的科技成果、不断完善的科技成果转化体系、丰厚的科技成果转化收益受到各界的关注，也为我国高校科技成果转化工作提供了有益的借鉴。

5.2.2 案例分析

5.2.2.1 案例概况

牛津大学拥有悠久而卓越的科研历史,其在技术转移方面的成功,很大程度上归功于 ISIS 创新有限公司,该机构负责管理和商业化牛津大学的研究成果。作为一家高效和有远见的技术转移公司,ISIS 创新有限公司对牛津大学的研究成果进行了可持续和利润化的管理。

ISIS 创新有限公司的主要职能是促成大学研究和外部商业利益之间的合作。其基本运作模式围绕着发现潜在的研究成果,进行专利和知识产权保护,然后找寻合适的商业伙伴来商业化这些成果。公司有一支专业的团队,负责评估研究成果的商业潜力,提供市场分析、商业规划、资金募集,以及协助在科学发现和商业应用之间进行必要的技术转换。

ISIS 创新有限公司的策略包括利用广泛的国际网络,与企业进行合作伙伴关系的构建。其目的不仅仅是要转让技术,更是寻求建立长期的、互惠的合作关系。公司的商业模式促进了一系列的活动,包括专利登记、技术许可、联营企业和创业公司的形成,以及与工业界的研发合作。

此外,ISIS 创新有限公司还以其在知识产权管理和技术转移方面的专业知识,在全球范围内提供咨询服务。公司的成功案例包括多个领域的技术转移,从医药生物技术到新材料、从可持续能源到数字创新,ISIS 创新有限公司在每一个领域都精准地定位了其核心竞争力。

ISIS 创新有限公司与牛津大学的紧密联系使其能够充分利用大学内部的强大研究基础和丰富的创新资源。公司在进行科技成果评估和市场分析的同时,也关注社会和经济影响,确保科学创新能够最大限度地服务于社会需求。总的来说,ISIS 创新有限公司不仅仅大幅提升了牛津大学科研成果的商业化率,也加强了大学与工业界之间的联系,对教育和研究产生了积极的正向反馈。

通过对其战略实施和案例表现的分析,我们可以明确地看到,ISIS 创新有限公司不仅仅是牛津大学的技术转移机构,它也是推动地区经济发展、扩大科研影响的重要力量。ISIS 创新有限公司通过其技术转移活动,在促进科学研究商业化、加速革新性成果应用以及培养创新文化方面,都发挥着重要的作用。

5.2.2.2　牛津大学科技成果转化体系

英国对科技成果所有权改革后的规定指出,如果产生科技成果的研究项目是由英国高等教育委员会(HEFC)或英国研究理事会(Research Councils)资助的,则产生的知识产权属于大学或研究机构;其他由政府资助的研究项目所产生的知识产权,根据 2001 年 12 月由英国专利局制定的政策,一般应授予发明者。高校和研究机构、研究者拥有知识产权的所有权,使得高校和研究人员对科技成果转化的积极性大大提高。高校和研究机构不断积极探索科技成果转化的有效途径。

牛津大学的科技成果商业转化,主要依赖于柏格布洛克科技园、科研服务机构、ISIS 创新有限公司、企业和创新中心来实现。其中,柏格布洛克科技园主要为来自数学、物理和生命科学领域的科技成果提供一个转化平台,而企业和创新中心主要为社会科学领域服务,ISIS 创新有限公司则为牛津大学各个学科的科技成果实现商业转化提供帮助,其服务领域覆盖牛津大学的所有学科领域。在科技成果转化过程中,牛津大学拥有学校所有员工和学生科研活动所产生的知识产权的所有权;学校帮助想要实现科技成果商业化的研究人员通过专利、许可、创建公司和咨询等方式将科技成果投入市场,从而完成科技成果的商业化;研究人员则以版权收入、咨询收入、新创公司的股权收入等方式获得研究成果商业化的经济收益。

5.2.2.3　牛津大学 ISIS 创新有限公司

为促进牛津大学科技成果的商业转化,牛津大学于 1987 年创立了牛津大学 ISIS 创新有限公司。ISIS 创新有限公司是牛津大学全资拥有的一家科技创新公司,负责管理牛津大学的技术转移和学术咨询,为客户提供技术转移咨询服务。

在牛津大学内部，汇集了来自政府、慈善机构和工业界等各种途径的资金，在这些研究资金的支持下，牛津大学的研究人员进行前沿科技攻关，创造出大量的科技成果。这些科技成果通过 ISIS 创新有限公司的管理和运作，最终主要通过三种形式进入市场，实现科技成果的商业转化。这三种主要形式是：衍生公司、技术和市场咨询服务、专利许可。在把研究成果推向市场的同时，ISIS 创新有限公司也会把市场的技术需求反馈给研究人员，或根据市场需要对早期的研究成果进行资助，使之发展成为成熟技术，最终实现商业转化。事实上，ISIS 创新有限公司是牛津大学研究人员与企业、科技成果与产品生产、科学研究与经济发展之间的桥梁。ISIS 创新有限公司主要由三个业务部门构成：技术转移部、咨询部、企业部。

5.2.2.4　对科技成果转化衍生公司的管理

牛津大学每年都会有若干衍生公司产生，这些衍生公司的创立主要由 ISIS 创新有限公司负责。一般地，ISIS 创新有限公司会给投资者提供建议，帮助进行衍生公司的业务规划、准备商业计划书、确定新公司的组织结构；协助进行公司的初期管理。ISIS 创新有限公司以其丰富的成果转化和管理经验，在一定程度上弥补了衍生公司管理团队在管理和领导经验上的不足。按照牛津大学及 ISIS 创新有限公司的规定，衍生公司实行股份制，股份分配实行动态化管理。

（1）衍生公司的所有权归股东。牛津大学科技成果转化过程中创立的衍生公司为依法设立的有限责任公司，为独立法人，实行股份制，设立董事局。股东包括研究人员、大学和投资者。股东的责任仅限于各股东就其所持股份缴足金额。随着融资的进程，股东人数会有所增加。衍生公司经营和发展业务所需要的大量现金，主要来源为银行贷款、商业天使投资人、种子资金、风险投资、制度资本和企业战略资本等。

（2）衍生公司的动态股份分配制度。在衍生公司的初创阶段，研究人员和大学各拥有衍生公司 50% 的股份份额，第二阶段中投资者也将获得相应股份，其股份比例为 1∶1∶1，在衍生公司发展到第三阶段时，股份分配中加入了公司管理者,研究者、大学、投资人和管理者之间的股权分配比例大约为 5∶5∶5∶2。三个阶段的具体股份分配如表 5-1。这种动态的股份分配制度,一方面保护了研究者的利益和其科技成果转化的积极性,同时也激励着投资者和管理者不断用科学的管理方法,使公司的经营走向成熟、规模不断扩大,以保证资金回报和自身收益。

表 5-1 牛津大学 ISIS 衍生公司的股份分配

	第一阶段		第二阶段		第三阶段	
	股份数量（万元）	股份百分比	股份数量（万元）	股份百分比	股份数量（万元）	股份百分比
创办人	50	50	50	33.3	50	29.4
大学	50	50	50	33.3	50	29.4
投资者			50	33.3	50	29.4
管理者					20	11.8
股份	100		150		170	
		100		100		100

（3）牛津大学而非 ISIS 创新有限公司是衍生公司的一个股东。按照牛津大学和 ISIS 创新有限公司的规定,ISIS 创新有限公司只负责为衍生公司的设立和初期管理提供支持和帮助,衍生公司成立后牛津大学以股东身份持有衍生公司股份,ISIS 创新有限公司并不作为股东参与公司的正常经营和管理活动。牛津大学按其所持股份数额获取衍生公司经营收益,衍生公司的收益情况并不在 ISIS 创新有限公司的财务报表中体现。当然,作为衍生公司的股东,牛津大学也可以退出公司的经营,退出形式包括:将股份出售给创始人、出售给其他公司、破产清算、公司清盘等。

5.2.2.5 以成果转化预期收益为基础的融资新手段

目前,牛津大学除了使用常规的科技成果转化基金、专业的科技成果转化公司等方法支持其科技成果转化外,还将科技成果转化与学校建设发展相结合,引入了新的融资方式——风险公司投资。2004 年,在牛津大学化学系实验楼的建设过程中,牛津大学以化学系科技成果转化为基础引入风险公司投资，不仅解决了实验楼建设的资金来源问题，也为化学系研究成果的转化提供了新的思路和路径。在风险投资过程中，牛津大学化学实验室以其研究成果商业化预期收益作为保证，吸引社会金融资本。风险投资公司通过投资化学系实验楼的建设，获得化学系研究成果转让预期收益的分配权利。

在以科技成果转化—实验楼建设的风险投资项目中，牛津大学化学系研究大楼的建设总投资为 6 000 万英镑，IP Group Plc（Formerly Beeson Gregory）公司为其投资 2 000 万英镑，作为研究大楼的建设资金；作为回报，化学系则将其科研成果转让收益的 50% 交与风险公司，作为风险公司投资建设的收益。因此，按照牛津大学科技成果转化的管理办法，由化学系科技成果转化所产生的衍生公司一旦创立，其股票就由学者、大学、IP Group Plc、投资者和管理者共同拥有，共同分享其收益。IP Group Plc 分享了大学原有收益的一半，因此，在科技成果转化—实验楼建设的风险投资项目中风险资本和大学的收益是一样的。在项目存续期间，化学系和风险公司都获得了收益，一方面，化学系获得了充足资金进行实验楼的建设，为化学系未来的研究创建了良好的研究条件和研究环境；另一方面，风险公司获得了牛津大学化学系科技成果转化的丰厚收益，事实上，在合同期尚未结束时 IP Group Plc 即已收回全部投资成本，投资收益明显。

5.2.3 案例总结

5.2.3.1 科技成果转移转化为牛津大学带来丰厚回报

科技成果的商业转化为牛津大学带来可观的收益。在 ISIS 创新有限公司的运作和支持下，牛津大学每年都有大量科技成果实现商业化。ISIS 创新有限公司不仅自身实现利润，也为牛津大学及其研究人员带来了回报。ISIS 创新有限公司通过发挥其桥梁作用，为牛津大学及其研究者带来了丰厚的收入。2009 年牛津大学 ISIS 创新有限公司为大学和研究者带来的回报约为 280 万英镑，2011 年增至 480 万英镑，2012 年进一步增至 530 万英镑，呈现快速增长趋势,三年时间增长了89.29%。此外,2010年牛津大学ISIS创新有限公司产生了73个新专利,2011年66个,2012年达到100项新专利。这些专利通过专利许可等方式不仅为牛津大学带来丰厚的回报,同时研究人员和其所在院系也从中获得收益。此外,牛津大学除了能够以股东身份按期获得衍生公司的股份收益外,还可以通过出售股权的方式获得一次性的资产处置收益。

5.2.3.2 完备的科技成果转化社会体系为高校成果转化提供保证

英国为鼓励大学和研究机构加快科技成果的商业转化,建立了科技成果转化中介机构,并提供科技成果转化资金支持,改革和完善了有助于科技成果转化的法律法规体系。1984年对《发明开发法》有关科技成果所有权规定的改变,BTG、KTP、IP Group Plc等转化平台和大学挑战种子基金方案(Government's University Challenge Seed Fund Scheme)、概念验证基金(Proof of Concept Fund)等成果转化资金的支持,英国政府多角度全方位地为科技成果转化营造了良好的外部环境,激励和保证了科研机构和企业参与科技成果转化的积极性和可能性,牛津大学等高等院校和研究院所的科技成果转化体系得以顺利运行,其科技成果转化水平得以不断提高。

5.2.3.3 专业的科技成果转化机构提高了科技成果转化效率

在牛津大学科技成果商业转化过程中,ISIS创新有限公司主要负责整个高校科技成果的转化服务,负责专利等的费用支出并拥有专利所有权和许可权,搭建科技成果供求者之间的交流平台,协助扶持衍生公司的创立。然而ISIS创新有限公司并不负责衍生公司的运营和管理,衍生公司的运营由专业团队和部门负责。因此,牛津大学对ISIS创新有限公司的考核也并不以其经济效益为主要指标,使其可以更为专注地从事技术的商业转化,建立科技成果供求的交流平台。

5.2.3.4 动态的股份分配制度保障了科研工作者的利益

在牛津大学科技成果转化过程中,非常重视对科研工作者利益的保护。

例如,在科技成果衍生公司设立初期,研究人员即拥有50%的股份,对研究者的科技成果的价值给予了充分肯定和保障,在衍生公司的后续生存阶段,随着规模的不断扩大,研究者的股份比例有所下降,但由于其整体营业收入上升,研究者的利益仍然可观。又如,ISIS创新有限公司会为牛津大学研究者的科研专利、版权等支付相关费用,在专利许可的过程中,随着收入的增长而调整各方的利益分配比例。当专利许可收益在7.2万英镑以下时,研究者个人拥有该专利收入的60%,牛津大学基金占10%,ISIS创新有限公司分得30%;研究收入在7.2万到72万英镑之间时,研究者个人获得许可收入的31.5%,牛津大学获得21%,研究部门获得17.5%,ISIS公司30%;一旦专利收入超过72万英镑,个人的收益比重会进一步下降为15.75%,牛津大学的收益份额增至28%,部门收益增至26.25%,ISIS创新有限公司的收益比重仍为30%。这种随收益增长而不断调整的动态收益分配方式,在最大程度上保护了研究人员的经济利益,也激励了研究人员将其科技成果交给牛津大学统一实现商业转化的积极性。

5.2.3.5 不断创新的融资方式为成果转化提供了新的思路

在化学系实验大楼的建设中牛津大学以科技成果转化为基础引入风险资本,实现了科研硬件条件的改善。这不仅解决了牛津大学基础建设中的资金问题,同时风险资本进入科技成果转化过程,对科技成果转化率的提高也起到了积极的推动作用。

一方面,金融公司等社会力量的竞争,能够对科研单位成果转化起到积极的促进作用。引入社会资本参与成果转化可以将竞争间接引入科研单位的成果转化。社会金融资本的投资目的是实现其利润最大化,高于社会平均利润的投资项目必然会吸引更多的资本进入,从而形成竞争,通过市场竞争会形成一个较为公平的市场价格。另一方面,引入社会资本参与科研单位的成果转化,必然涉及成果收益在各个利益机构(单位)间的分配。如何准确估计科技成果的未来产出数量和质量、如何科学地计量科研成果的成本和收益情况,是较为公平地确定各方收益的前提,其计量方法尚需进一步地研究和实践。牛津大学化学系与风险投资公司的合作中，在合同期大约一半的时候，风险公司即收回其全部投资成本，对牛津大学（化学系）来讲是一种损失，也说明其签约前的成本收益现金流估算误差较大。如何构建一套相对完善的管理机制，保证有序竞争，则是目前有待解决的问题之一。

5.3 案例比较与经验总结

在知识经济高速发展的今天，作为科研创新的主要阵地，高校承载着将科研成果转化为实践应用的重任，这不仅是提升其学术价值的重要途径，也是推动社会进步和促进经济持续发展的关键。高校的技术转移与成果转化能力，直接反映了一个国家或地区在知识产权管理、市场运作以及政策支持等方面的综合实力。

毕玉遂教授团队成功将化学发泡剂技术转让，创下专利转让金额的中国高校纪录，这一案例标志着国内技术转移模式在实现突破的同时，也为推动高校科研成果市场化转化提供了宝贵经验。而牛津大学作为国际顶尖学府，通过 ISIS 创新有限公司将校内研究成果实现产业化，树立了技术转移的国际典范，展示了高效运作和成熟商业模式下的成功示例。

这两个案例既展现了国内外高校在技术转移与成果转化领域的成绩与特色，也揭示出不同国家在推动科研成果产业化过程中的相似挑战与差异对策。对这两个案例进行比较分析，不仅可以深入理解高等教育机构在科技成果转化方面的战略思维和操作机制，还能够总结出具有普遍性的成功要素与可借鉴的经验教训。更重要的是，这对于优化国内高校的技术转移体系，提升科研成果转化效率，以及制定更为有效的政策支持提供了重要参考。因此，从毕玉遂团队和牛津大学 ISIS 创新有限公司的案例比较，我们期待收获促进科研与市场更紧密结合的策略，推动高校创新力及科技成果转化至更高水平。

5.3.1 案例目标对比

在对毕玉遂团队与牛津大学 ISIS 创新有限公司的技术转移和成果转化案例进行核心目标与策略比较时，我们可以发现两者虽然在不同的地域背景下运作，但他们共享着促进科研成果转化的共同目标，同时也采取了既有联系又有差异的策略达成目标。两个案例的核心目标均是实现高校科研成果的产业化转化，将学术创新成果转化为实际应用和经济效益，进而推动社会与经济的发展。无论是山东理工大学在中国的化学发泡剂技术转让，还是牛津大学通过 ISIS 创新有限公司的国际商业化实践，两者都力图强化高校作为科技创新源头的作用，通过有效的技术转移体系，促进知识产权的应用与市场价值的实现。

在知识产权保护与管理方面，毕玉遂团队重视对创新技术的知识产权保护，通过专利申请确立技术的法律保障。在经历数据被盗的挑战后，团队迅速调整策略，加强知识产权保护和专利策略布局。牛津大学 ISIS 创新有限公司在知识产权管理上采取了更为系统和专业的方法，利用国际化的视角和丰富的商业化经验，为大量的研究成果实施知识产权保护，并通过许可、转让等方式进行运营。

在产学研合作模式方面，毕玉遂教授团队与行业内企业的合作成为标志性实例，体现了直接转让技术给企业的模式。通过与具体企业的紧密合作，实现了技术的有效转化和产业化。ISIS 创新有限公司则采用了更为广泛的合作模式，包括创建衍生公司、技术许可以及与企业的研发合作，形成了一个多元化的合作网络，促进了更广泛的行业应用和国际化发展。

在商业化路径与战略方面，毕玉遂教授团队的案例中，重点是通过专利转让实现一次性的经济收益，而在确保长期持续影响方面的探索较少。牛津大学通过 ISIS 创新有限公司，展示了一个多层次、多途径的商业化路径规划，既包括单一技术的许可转让，也涵盖了通过创办衍生公司等方式长期持续收益的模式。ISIS 创新有限公司的策略更加注重长远发展和品牌建设，强调创新成果的持续运营和资本运作。

综上所述,山东理工大学毕玉遂团队和牛津大学 ISIS 创新有限公司在推动高校科研成果转化目标上拥有共同的追求,但在知识产权保护、产学研合作模式和商业化路径等策略上各有侧重,反映了不同的地域特性、资源配置和发展战略。

5.3.2 技术转移与成果转化流程对比

在技术转移与成果转化流程方面,毕玉遂教授团队与牛津大学 ISIS 创新有限公司展现了各自独特的操作模式和成效。毕玉遂团队的流程着重于内部研发与直接技术转让,通过与企业紧密合作,实现了技术成果的快速市场应用。该团队通过严格的知识产权保护和明智的技术转让协议,与企业建立了直接的合作关系,使技术快速走向商业化阶段。相比之下,牛津大学 ISIS 创新有限公司则采取了更为全面和层次化的策略,其流程包括知识产权管理、多样化合作模式的开发以及多渠道商业化路径的实施。尤其值得注意的是,ISIS 创新有限公司不仅致力于技术的直接转让,还积极发掘技术许可、创办衍生公司等多元化商业化途径,构建了一个广泛的行业网络,使技术转移成果更加丰富,同时也增强了科研成果的持续性经济回报。

通过对比,可以看出,尽管两者皆以实现高校科研成果转化为共同目标,但毕玉遂团队的模式更偏向于直接且快速的单次转化过程,突出了速度与效率,为科技成果转化提供了直接的经济回报模式。而牛津大学 ISIS 创新有限公司的操作模式则更加注重长期战略的规划和系统化管理,通过多样化的技术转移路径为大学构建了长期稳定的经济效益来源,强化了校企合作的深度和广度。这两种不同的技术转移与成果转化流程对高等教育机构和研究人员在科研成果产业化过程中策略选择提供了有益参考,揭示了不同模式的优势与局限,也为未来的科技成果转化实践提供了丰富的启示。

5.3.3 案例启示与经验总结

毕玉遂团队和牛津大学 ISIS 创新有限公司的案例在技术转移和成果转

化方面带来了很多的启示。第一是跨学科合作的重要性。从两个案例可以看出,成功的技术转移与成果转化往往需要跨学科的合作。毕玉遂教授团队在化学领域的技术创新,利用了跨学科知识进行突破性研究。同样,ISIS创新有限公司通过利用其广泛的网络和跨学科合作,促进了不同领域研究的商业化,这强调了在高校内部构建系统性、跨学科的合作模式对于促进科技成果转化的重要性。第二是知识产权策略的先行。两个案例都凸显了知识产权保护在技术转移中的重要作用。毕玉遂教授团队在面临数据泄露的危机时,迅速采取行动保护其科研成果,从而确保了技术转移的顺利进行。ISIS创新有限公司则通过建立专业的知识产权管理体系,有效地管理和商业化了牛津大学的研究成果。这表明,建立系统的知识产权保护策略是技术转移成功的先决条件之一。第三是商业化战略的差异化。毕玉遂教授团队与ISIS创新有限公司在商业化战略上各有侧重。毕玉遂教授团队通过与具体企业的直接合作实现了技术转让和快速市场化,而ISIS创新有限公司则通过建立衍生公司、技术许可等多渠道进行商业化。这凸显了在不同环境和条件下,应采取灵活多样的商业化模式,以最大化科技成果的社会和经济价值。第四是政策和市场导向性。成功的技术转移不仅依赖于学术创新和知识产权保护,还需要政策支持和市场导向的双重指导。牛津大学通过ISIS创新有限公司与政府及行业网络的构建,充分利用了英国政策环境和市场需求的有利条件。对于山东理工大学来说,通过紧跟市场趋势,与行业需求紧密结合的技术创新和转化模式,同样取得了成功。这表明科技成果转化需结合当前政策环境和市场趋势,进行有针对性的规划和实施。

科技成果的转化是一个复杂且系统的过程,不仅涉及科研本身的创新和突破,更需要考虑到成果转化的环境、策略以及实施路径。从毕玉遂教授团队和牛津大学ISIS创新有限公司的成功经验中,本研究提出以下几点建议,为未来的科技成果转化实践提供指导。

第一是重视跨学科合作的力量。跨学科团队构成可以带来更多元的视角和解决方案,以促进科技创新。成果转化的成功案例往往源自于跨学科领域的密切合作,其中包括科研人员、工程师、市场专家和法律顾问等。通过整合各方面的专业知识和技术,可以更好地应对科技成果商业化过程中的挑战,加速科技成果从实验室到市场的转化。

第二是构建完备的知识产权保护机制。知识产权是科技成果转化的核心资产,因此构建完备的知识产权保护机制至关重要。这不仅包括及时的专利申请和版权登记,还涉及对专利策略的有效管理和布局。由于知识产权的保护具有地域性,跨国转化的成果还需考虑国际法律环境。此外,还需针对不同的技术和市场,制定灵活多样的知识产权策略,最大化科技成果的商业价值和影响力。

第三是制定灵活多元的商业化策略。科技成果的商业化路径应多样化,包括但不限于技术许可、创建衍生公司、直接销售技术或产品、和企业合作等。各种路径的选择需要基于成果的特性、市场需求、团队能力和政策环境等因素综合考虑。通过灵活运用多种商业化模式,可以有效提升科技成果转化的成功率和经济回报。

第四是推进产学研深度融合。促进科研机构、高等院校与行业之间的深度融合,可以有效提高科技成果的转化效率和市场响应速度。通过建立稳定的产学研合作关系,不仅可以为高校科研团队提供实际问题和市场需求,还可以为企业输送最新的科技成果和创新技术,实现资源共享和互利共赢。

第五是强化政策支持和激励机制。政府政策的支持对于科技成果的转化具有重要影响。国家和地方政府应出台相关政策,提供资金支持,优化创新环境,鼓励科技成果商业化。同时,建立科研人员的激励机制,合理分配科技成果转化的收益,可以有效激发科研人员的创新热情和参与积极性。

第六是增强市场意识和市场调研。科研团队应增强市场意识,通过市场调研了解技术需求和市场趋势,以指导科研方向和成果转化策略。定期和深入的市场调研有助于科研团队及早发现市场机会,有针对性地开展科研工作,提高科技成果的市场适应性和竞争力。

科技成果的转化过程充满挑战,但通过紧密结合科研创新与市场需求,构建有效的管理和保护机制,运用灵活多样的商业化策略,并且得到政策和环境的有力支持,可以实现科技成果的有效转化,为社会进步和经济发展做出重要贡献。

第六章 技术转移与成果转化的策略与模式

6.1 创新驱动发展战略下的技术转移和成果转化模式

技术转移和成果转化是服务创新驱动发展战略的关键环节,是推动技术转移和科技成果项目落地的重要步骤。然而,目前大量科技成果束之高阁,转移转化率与产出率相比明显不足,尤其在高校等主体内更为凸显。面对新一轮产学研协同创新发展的迫切需要,势必要引导原创性科技成果向现实生产力转移转化,切实提高科技成果专利的转化率和项目的成功率,进而提升科技创新服务于区域经济发展的水平和能力。

6.1.1 技术转移

科技成果的技术转移是指科技成果从供给方向需求方转移的行为过程,即突出科技成果在主体之间的转移以及技术在不同主体之间的扩散。科技成果的转移可以将科技成果的创造主体与科技成果的转化主体相连接,在科技成果的创造与实际应用之间搭起连接的桥梁,推动实现由科技开发向科技创新的转变。下面从技术转移模式、科技成果转移模式以及科技成果转移特点三方面对技术转移做进一步研究。如图6-1所示。

6.1.1.1 技术转移模式

(1)从技术的完整性上看,可以把技术转移分为"移植型"和"嫁接型"两种模式。

"移植型"技术转移模式,对科技成果吸纳主体原有科技成果系统依赖

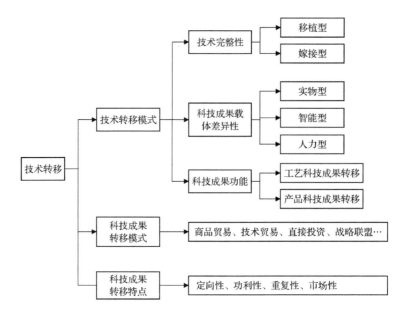

图 6-1　技术转移、科技成果转移概念分解图

性极小,而成功率较高,是"追赶型"国家或地区实现技术经济跨越式发展的捷径,但转移的支付成本较高。

"嫁接型"技术转移模式,以科技成果需求方原有科技成果体系为母体,与外部先进科技成果嫁接融合,从而引起原有科技成果系统功能和效率的更新。显然,这种科技成果转移模式对科技成果受体原有科技成果水平的依赖性较强,要求匹配的条件较为苛刻。虽然科技成果转移的支付成本较低,但嫁接环节上发生风险的频率较大。一般为科技成果实力较为均衡的国家、地区、企业之间所采用。

(2) 从科技成果载体的差异性上,可以将科技成果转移分为"实物型"、"智能型"和"人力型"三种模式。

① "实物型"科技成果转移,是指由实物流转而引起的科技成果转移。从技术角度看,以生产手段和劳动产品形态出现的实物,都是特定技术的物化和对象化,都能从中反观到某种技术的存在。因此,当实物发生空间上的流动或转让时,某种技术就随之发生了转移,这是所谓"硬技术"转移的基本

形式。

②"智能型"科技成果转移,是指由一定的专门的科学理论、技能、经验和方法等精神范畴的知识传播和流动所引发的科技成果转移。它不依赖实物的转移而进行。通常把这种科技成果转移称为"软技术"转移。市场上的专利技术、技术诀窍、工艺配方、信息情报等知识形态的商品交易,都是这种科技成果转移借以实现的基本形式。

③"人力型"科技成果转移,是人类社会较为古老的一种科技成果转移模式,它是由人的流动而引起的科技成果转移。如随着人员的迁徙、调动、招聘、交流往来、异地培养等各种流动形式,皆可引发技术的转移。这是因为,技术无论呈现何种具体形态,都是以人为核心而存在,为人所理解、掌握和应用。所以人力资源的流动必然伴随着科技成果转移。

(3) 从科技成果功能上看,又可把科技成果转移分为工艺科技成果转移和产品科技成果转移两种基本模式。

一般来说,在产业科技成果系统内部,并存着工艺科技成果形态和产品科技成果形态两大系统,而每种科技成果形态又包含若干相关性极强的单元科技成果,它们共同构成社会生产活动的科技成果基础。

从具体生产过程看,工艺科技成果是产品科技成果形成的前提和物质手段,直接决定着产品的科技成果性能和生产能力。而从社会生产总过程看,产品科技成果往往又构成工艺科技成果的单元科技成果(广义上说,工艺科技成果的实体本身就是特定的产品),它又影响着工艺科技成果的总体水平和效率。事实上,任何产业科技成果就其功能而言,都不是万能的,而是有其不同的侧重点。当科技成果侧重于影响生产流程,具有提高效率和扩张产量作用时,把这种科技成果的转移称为工艺科技成果转移;而当科技成果侧重于影响生产过程的结果,有助于提升产品的技术含量及功能拓展时,把这种技术的转移称为产品科技成果转移。一般来说,农业、采掘业领域的科技成果转移多属前者,而制造业、信息产业、建筑业等领域的科技成果转移多属后者。同时,工艺科技成果和产品科技成果在功能上又具有极强的相干性。因此,科技成果转移过程,又往往是通过工艺科技成果的转移来达到产品科技成果的升级,或通过产品科技成果的转移来实现工艺科技成果的改造。

6.1.1.2 科技成果转移方式

从比较宽泛的意义上看,科技成果转移的方式主要有:

(1) 商品贸易,特别是通过高技术科技成果贸易所带来的科技成果转移。

(2) 技术贸易,包括技术转让、技术咨询服务、成套设备和关键设备的进出口、技术服务与协助、工程承包与交钥匙工程、特许专营、设备租赁、补偿贸易等。以许可证转让方式(包括专利和非专利科技成果)所进行的科技成果转移,是目前科技成果转移中最受关注和最为重要的方式之一,通常称之为技术转让。这是一种有偿的转移方式,技术以商品的形式在技术市场中进行交易。通过购置设备和软件获取所需要的技术也是常见的科技成果转移方式,这种方式的优点是能最快地获取现有的技术,卖方可能会提供培训,投产获利较快,风险较小,缺点是新设备可能不适应企业现有的环境,企业需要在组织上进行变化,成本较高,不能从根本上提高技术能力,随着技术的变化需要不断地购买。

(3) 直接投资,比如合作经营、合资经营、独资经营等。

(4) 战略联盟,这是联盟各方实现技术、知识资源共享的一种特殊形式,科技成果转移在其中是双向或者多向的,联盟各方共用研究开发设施,可以减少资源压力和开支,共担风险,抑制竞争。

(5) 产学研结合,这是科技成果转移中效果较好和最有前景的途径之一,包括合作研究、合作开发、合资生产等形式。其主要优点是能充分利用合作伙伴的知识技能和资源,发挥自己的优势,补充自己的不足,有利于迅速获取技术,可以减少成本和风险,主要缺点是组织之间的目标不同,有时难以形成良好的合作关系,管理过程和利益分配有时会出现矛盾。

(6) 创办新企业,由成果拥有单位或由科技人员自己创办企业,是科技成果转移最为直接的方式。其优点是转化速度较快,技术拥有单位或个人可能获取更大的收益,但是风险大,难以获得风险投资,不易形成规模经济。

(7) 科技合作,派遣学者、专家到国外或者其他地区的高等学校、研究机构或者生产企业,与对方的学者、专家合作进行研究设计;或者双方学者、专家轮流到对方学校、研究机构或者企业进行研究。

(8) 科技交流,国家之间、地区之间或企业之间的科研、教学,以增进智力、技术和信息为内容的,以促进各自技术进步为目的的交流活动,比如聘请讲学、座谈、举办讲习班、参加会议等。这种通过信息传播的方式获取所需技术,优点是成本低、速度快、简单易行,缺点是无法获取较完整的、系统的技术知识,特别是难以获得技术诀窍,要求企业自身具有较强的技术能力或模仿能力。

(9) 技术援助,是向受援方提供成套的先进设备以及提供全部或者部分设备所需的零部件、原材料,甚至派遣技术专家负责组织和指导施工、安装和试生产,帮助受援方学会管理生产和操作技术的方式。"科技成果转移的关键是人而不是技术文件",这是近几年西方管理界十分流行的说法,关键技术人才的流动常常伴随着技术成果的流动,技术知识随着这种人员的交流得到转移。

(10) 技术情报,这种方式渗透到经济技术的各个领域和各个层面,或者窃取有关的技术情报和商业秘密,或者通过中立国或中间商,从一方买入技术再卖给另一方,逃避有关法律法规控制,获得技术秘密。这种方式有的介于合法与非法的灰色领域内,有的则是一种非法活动,但在客观上带来了技术的流动,尤其在国际科技成果转移领域,是国际科技成果转移的一种方式。

上述这些科技成果转移方式基本涵盖了科技成果可能的发生权利或技术的转移的形式。从转移的直接性来看,商品贸易、技术贸易和直接投资的方式周期最短,在专利权利转让主体与专利权利受让主体间的流程最短,具有最高的直接性。上述三种方式在转移的双方之间环节链最短,在转移过程中造成的转移成本相对来说也最少,但是往往存在利用方式较为简单、无法充分发挥专利权利等科技成果的全部价值等缺点。从转移的技术扩散性来看,战略联盟、科技合作、技术情报、科技交流等方式可以最大程度实现各技术拥有主体之间的扩散效应,推动技术的流动与交互,实现技术之间的交叉重叠并充分利用技术的规模效应和集聚效应。从转移的价值实现力度来看,产学研结合、创办新企业以及技术援助等转移方式可以将技术成果与价值实现环节紧密结合,与前面商品贸易、技术贸易和直接投资的方式对比,前者只在各技术拥有者之间实现技术的流通,而产学研结合、创办新企业以及技术援助等方式则是在技术成果与产业化之间搭起桥梁,从而实现从创造到创新的蜕变。

技术成果的转移不是一个瞬时性的工作,而是始终贯穿于创新发明创造的全过程中,对技术成果采用商品贸易、技术贸易等形式在技术成果交付和货款收到的时候便已经完成转移,但是从技术的实际价值发挥效果来看,要想最大化其价值显然仅有一个瞬时性的交易模式是远远不够的,应当建立起可以长期稳定的实现技术成果转移的长效机制,并通过机制及时地予以技术成果创造方、技术成果受让方、技术成果投入实际使用方信息反馈,并实现各方主体之间的信息沟通立体化、动态化以及韧性化渠道,促进产学研各方融合,同时积极加快技术的正向扩散,从而最终实现社会和国家层面的技术进步和社会整体福利的提升。

6.1.1.3 科技成果转移特点

科技成果转移是一种特殊的知识传播和创新行为。它指的是科学研究活动中,通过特定的方式和手段,将科研机构、高校以及企事业单位等产生的科研成果转移到需要使用的企业或其他组织中去,实现科研成果的商业化、产业化和社会化,推动科技进步和社会经济的发展。科技成果转移是根据市场需求和社会发展的方向,将科研成果转移到能够解决实际问题或满足市场需求的领域,为社会带来经济效益和社会效益。因此,科技成果转移注重实际应用价值,追求创新成果的可商业化和可落地性,使科研成果能够更直接地造福社会。科技成果转移不仅仅是单次的技术转让或技术推广,而是一个持续的过程。可以通过多次转移和应用,不断迭代和优化,以满足不同阶段和不同领域的需求,实现更广泛的社会影响。科技成果转移是将科研成果与市场需求结合的过程,具有定向性、功利性、重复性和市场性等特点。通过科技成果转移,可以实现科学研究成果的应用和产业化,推动科技创新与经济社会发展的有机结合。

(1) 定向性

科技成果在空间上发展的不平衡,是科技成果转移及其定向性的内在根据。从科技成果效率与功能的角度,可以把科技成果内容定性为尖端科技成果、先进科技成果、中间科技成果、初级科技成果、原始科技成果等5种级差形态。任何特定科技成果都能从中"对号入座"。当然,这种座次是变动不居的,随着科技成果的发展,大体呈依次后移的态势。正是科技成果效率与功能上的"级差",造就了不同科技成果所特有的科技成果"势位",也赋予它特有的运动"惯量"和特定的运动方向(张寒等,2023)。只要科技成果形态之间存在着科技成果势位的"落差",科技成果就会由高势位向低势位发生转移,表现为科技成果上先进的国家、地区、行业、企业向技术落后的国家、地区、行业、企业实行科技成果转让,前者是科技成果的溢出者,后者是科技成果的吸纳者。同时,科技成果转移实践表明,在科技成果定向转移过程中,科技成果转移的"惯量"、成本和效应与科技成果之间势位的"落差"成正向变化,而转移的频率及成功率与技术势位的"落差"成反向变化。

(2) 功利性

人类社会的早期,科技成果转移大多是一种无意识的活动。随着人类社会的发展,科技成果转移越来越呈现出功利性的特征,直到今天,很难看到有价值的科技成果转移现象。究其科技成果转移的功利性,主要体现在经济目标上。无论是技术的供给方,还是需求方,都瞄准科技成果转移所带来的市场机会和商业价值,这是不谋而合的,出于竞争目的而发生的科技成果转移,归根结底也是经济利益的需要。至于为达到某种政治、军事、环境等"超经济"目标而发生的科技成果转移,只不过是国家整体利益借以实现的途径或形式。因此,可以毫不夸张地说,当今世界,在国家、部门、行业、企业之间所发生的科技成果转移已经完全排挤了无意识活动的空间而与功利性紧紧地联系在一起。

(3) 重复性

与实物商品不同,科技成果商品的使用价值在流转过程中具有不完全让渡性。它作为知识性商品,尽管有时以实物商品形态出现,但实物形态只是科技成果的载体或物质外壳;交易完成后,虽然它的使用价值已让渡给对方,但让渡者仍然保留了这一技术知识的使用价值,至于以图文、技能、方法等非实物形态存在的科技成果转移,实质上只是使用权的转移,不影响让渡者对这种科技成果的拥有权(方茜,2019)。从这个意义上说,科技成果商品的使用价值在转移过程中具有显著的非完全让渡性质。正因为如此,科技成果的供给方能够不断重复出卖科技成果,如果不加限制,科技成果的购买者也可以连续不断地将该科技成果转卖出去,直至所有人都掌握这种科技成果。这就是科技成果转移的重复性特征,也正是科技成果转移的重复性,加速了社会的发展和技术进步,给人类带来巨大的物质利益。

(4) 市场性

一般来说,在社会发展的不同阶段,科技成果转移的方式是不同的,在古代,科技成果转移主要是通过上级流动来实现,产业革命后,主要是通过向外进行强制性的生产资本投资来实现。而今天,科技成果转移主要是通过市场化的商业形式实现的(徐帅等,2017)。因此,科技成果转移越来越显现出自身独特的市场化特征,其具体表现是:

① 市场供求规律制约着科技成果转移的概率和成本;

② 科技成果交易价格主要取决于科技成果的研制费用、生命周期、转让成本、机会成本、体制环境以及转移所潜在的经济价值等;

③ 科技成果转移发生的频率与该技术物化商品的市场"待遇"具有极强

的相关性,技术的命运与产品的销路是相互关联的;

④ 市场竞争既刺激科技成果需求者吸纳科技成果的冲动而加速科技成果转移,同时又强化科技成果供给者对科技成果的有限垄断而延续科技成果转移的进程。

6.1.2 科技成果的转化

科技成果转化是指为提升社会生产力发展水平,对产品进行科学研究与开发过程中所创造和产生的具有高价值的科技成果所进行的商业试验、开发与应用、市场营销与推广等活动。科技成果转移是指科技成果从供给方向需求方转移的行为过程,即突出科技成果在主体之间的转移,而科技成果转化是指科技成果从知识形态转化为实体形态的产品或商品(王斌等,2018),或者非实体形态的服务并实现经济价值的过程,突出科技成果的应用推广,即通常所说的由"纸"变成"钱"的过程。

6.1.2.1 科技成果转化模式

对于一项科技成果来说,不同的科技成果转化模式,产生的转化效果不同,取得的收益也不同,科技成果持有人应根据自身和团队情况进行选择。科技成果转化可以分为直接转化和间接转化,具体来说可以分为以下几类:

(1) 自行投资实施转化

自行投资实施转化就是科技成果持有人将自主研发而形成的各种科技成果进行转化。通常研发实力雄厚的个人、高校或企业可以通过这种方式实施科技成果的转化。在科技成果持有人研发出相应成果后,自行进行生产销售,从而获得市场回报。

(2) 向他人转让科技成果或授权他人使用科技成果

这种模式是指科技成果持有人将自主研发的科研成果以不同的形式授权给他人使用,并获得相应的收入。这类模式适合于创新性不突出、市场前景不明显的科技成果,成果持有人可以迅速取得收益。这类模式是现阶段我国高校采用的主要转化模式。

(3) 作价投资、折算股份或比例出资

该模式指以合作等方式进行转化,可用于企业与企业之间、企业与学校之间,合作形式多样化。具有突破性技术、颠覆性创新和市场应用前景显著的科技成果,可考虑采取作价投资的转化模式。由于包含科技成果在内的知识产权具有不同于一般物权的独特属性,这类科技成果转化模式在实践操作层面存在一定的难度。

6.1.2.2 科技成果转化模式优缺点

三类主要现有转化模式的优缺点主要体现如下:

第一,自行投资模式适合于研发实力雄厚的科技成果持有或团队,采用这类模式有利于实现科技和生产之间的对接,有利于研发过程的改进和产品功能的进一步完善,能够较好地匹配市场需求。但是采用这类模式,需要的资金需求量很大,对于高校科技成果持有人来说,很难获取到大量的资金。

第二,向他人转让或许可他人使用模式适合创新不突出、市场前景不明,而又想迅速获取收益的科技成果持有人或团队。采用这类模式有利于科研人员及时转化科技成果。但是相比其他转化模式来说,这类模式科研人员的收益较低,而且非科技成果持有人对科技成果如果理解不到位,往往会使得科技成果无法成功转化。

第三,折算股份或者比例投资适合具有突破性技术、颠覆性创新或者市场应用前景显著的科技成果。这类模式的优点是有利于减少企业的科研投入,同时增强高校科研人员的收入。此外,高校和企业共同研发,有利于研发出适合市场需求和消费者需求的科技成果。但是,这类模式在实践操作层面具有一定的难度,需要进一步探讨这类模式在实践操作中的可行性。

6.1.3 科技成果转化与技术转移的联系和区别

《促进科技成果转化法》第二条第二款规定:"本法所称科技成果转化,是指为提高生产力水平而对科技成果所进行的后续试验、开发、应用、推广直至形成新技术、新工艺、新材料、新产品,发展新产业等活动。"

科技成果转化是我国语言体系的专有名词，国外没有完全与之完全对应的术语。欧美等国家常用"Technology Transfer"（技术转移）表达相近的含义，但"科技成果转化"和"技术转移"的内涵有一定差异，"科技成果转化"能更贴切地体现出开展创新活动的目标导向。从两者的形成过程来看，技术转移与成果转化是紧密联系的，技术转移的水平链条和科技成果转化的垂直链条经常处于相互渗透和包容中。技术转移和科技成果转化两者互为因果，其作用和角色定位也是相互转化的。技术转移的过程中可能需要对科技成果进行转化，但是"移"是目的，"化"是手段。科技成果转化可能需要通过技术转移来实现，但是"化"是目的，"移"是手段。从法律和政策的角度来说，科技成果转化和技术转移属于同一个法律范畴，本质上都是调节研发者和应用者之间的关系，缩短从研发到应用的时间进程，提高科技成果的利用效率。

直观理解，科技成果转化更加强调科技成果属性和状态的变化，重在于"化"，且突出最终目的是"形成新技术、新工艺、新材料、新产品，发展新产业等活动"，进而真正实现技术的应用。而技术转移则主要描述的是主体或空间的变化，重在于"移"，比如科技成果的知识产权从甲方让渡至乙方，或者技术从甲地输出到乙地。技术转移和成果转化的对比如表6-1所示。

表6-1　技术转移和成果转化对照对比表

	技术转移	成果转化
概念不同	制造某种产品、应用某种工艺或提供某种服务的系统知识，通过各种途径从技术供给方向技术需求方转移的过程	成果转化是指为提高生产力水平而对科学研究与技术开发所产生的具有实用价值的科技成果所进行的后续试验、开发、应用、推广直至形成新产品、新工艺、新材料，发展新产业等活动
主体不同	主体分为技术主体、技术供体和技术受体。研究开发机构、高等院校等研究机构是技术供体；企业是承接和应用研究开发机构、高等院校的成果和技术受体	与技术转移基本一致，科技成果转化的难点也在于如何调动研究开发机构、高等院校转化科技成果的积极性主动性
客体不同	技术转移中的技术客体与科技成果转化中的科技成果客体是大同小异的。但技术转移客体一般不包括基础研究的成果形式即科学发现	

在实践中,科技成果转化和技术转移往往是相辅相成的。为了实现科技成果转化,经常伴随着技术转移的发生;而实施技术转移,也往往是为了实现科技成果的转化。但二者的相辅相成关系并不是必然的。因为,实现科技成果转化,并不一定要实施技术转移,例如对于企业而言,可以直接对自己研发的技术实施转化,而并不需要实施技术转移;与此同时,实现了技术转移,也未尝能实现科技成果转化,例如某项专利由甲方转让给乙方后,如果乙方不积极开展转化活动,那么技术只是实现了形式上的转移,而并不能真正实现转化应用。

通过上述对技术转移和科技成果转化的主客体与各自运动过程的总结和分析,可以看出两者在主体、客体及运动的过程上存在很多共同点,这也是很多研究认为两者几乎没有区别的原因。我们主要阐述微观视角上的技术转移与科技成果转化之间的联系。通过比较可以发现:(1)技术流向技术受体内部并在其内部产品化等具体化的微观视角上的技术转移即为科技成果转化。对比技术转移与科技成果转化的转移过程,易知宏观层面上的国际技术转移与国内技术转移,其侧重点在于技术及其载体空间位置上的变化,并不强调技术及其载体发生质的突变,即不一定发生产品化等具体化的过程,因此,这种类型的技术转移并不属于科技成果转化。但对于微观层面上的技术转移活动,技术及其载体在技术受体内不断融合和再开发,直至产品化、商品化、产业化等具体化的过程就等价于科技成果转化,当然微观层面上那些只发生了技术从技术供体向技术受体流动的阶段,并未发生技术及其载体产品化等具体化的过程,也只属于技术转移,并不属于科技成果转化。(2)发生所有权或使用权变更的科技成果转化属于技术转移。科技成果转化既包括科技成果从科研院所、高等院校等科研机构流入企业或衍生企业,继而在企业或衍生企业内部发生产品化等具体化的过程,也包括科技成果从企业的研发部门转向生产部门,即从概念设计、到图纸生成、再到工艺设计直至生产的技术创新过程,前者涉及科技成果所有权或使用权的转移,后者通常不涉及所有权或使用权的转移。我们认为发生了所有权或使用权转移或变更的科技成果转化属于技术转移,而对于企业内部科技成果从研发到生产不发生所有权或使用权转移或变更的不属于技术转移,只属于科技成果转化。

技术转移与科技成果转化的区别则主要体现在以下几个方面:(1)技术转移的主客体比科技成果转化的主客体涉及范围广。对于两者的主体而言,技术转移的技术供体和技术客体,均可以是自然人或法人,也可以是具有独立法人资格的组织,包括政府投资的国家实验室、科研院所、高等院校、各类企业等,从宏观上看,技术转移的技术供体和受体还包括国家。然而科技成果转化的供体具有特定指向性,特指科研院所、高等院校和依托科研院所、高等院校而建的国家实验室,以及某类具有研发能力的企业,一般不包括自然人和一些私人组织。其受体多指企业或科研机构的衍生企业,不包括政府投资的国家实验室、科研院所、高等院校等科研机构。对于两者的客体而言,技术转移中的技术及其载体包括有形的人或物、嵌于人或物资内的无形技术知识体系和各种显性与隐性的"知识",而科技成果转化虽可分为软科学成果、应用技术成果、基础理论成果三类,但在实践研究中,多指应用技术成果。(2)技术转移中的供体和受体多可以角色互换,而科技成果转化中则少之。宏观层面的技术转移活动中,技术供体和技术转移可以双向交流,技术及其载体可以双向流动,故其技术供体和技术受体的角色可互换,且经常性的互换,但微观层面上的技术转移,技术及其载体仍以单向流动为主。对于科技成果转化,一般情况下科技成果是从科研院所或高校传递到企业或衍生企业,而反向的传递则很少见。(3)技术转移的市场化程度高于科技成果转化。无论是宏观层面的技术转移还是微观层面的技术转移,市场作为引导和调节技术转移的主要杠杆,主导和支配着成熟实用的技术及新技术、新工艺、新方法在国际或国内间进行移动,更多地表现为一种贸易形式。不管是有偿的还是无偿的、非法的还是合法的,都表现为一种交易活动,只不过无偿的技术转移伴随的是金钱以外的某种利益交易。相比之下,科技成果转化更多地表现为一个国家内部科技成果再分配和转化的活动,是在一个相对较小的范围内对科技成果进行专业化和实用化提升的过程。(4)技术转移与科技成果转化在时间轴和空间轴上运动轨迹不同。科技成果转化和技术转移在总体上都包含两个方向的运动,一方面沿着空间轴在不同主体或不同区域间进行传递或转让,另一方面沿着时间轴从技术或科技成果的一个阶段向另一个阶段跨越(如从小试到中试的阶段跨越),如图6-2所示。

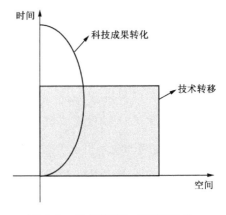

图6-2 技术转移与成果转化的运动轨迹图

尽管都包含两个方向的运动,但存在着明显的区别:(1)科技成果转化侧重于垂直方向上的变化。科技成果转化在空间位置上的变化只是前提和手段,实现时间序列上从一个阶段到另一个阶段的不断跨越和具体化的过程才是其最终目的。若只发生空间位置上的移动,而没有随着时间的变化产生质的变化,则不能称之为科技成果转化。(2)技术转移沿着空间轴和时间轴进行运动。其中,在空间轴上的运动及表现为国际的空间移动,也可表现为一个国家内部不同主体间的空间移动;在时间轴上的运动表现为伴随着时间的变化技术不断具体化、产品化、产业化的过程。对于技术转移来说,无论在时间轴和空间轴上的单向运动过程,还是在两个维度同时运动的过程,都属于技术转移活动。

6.1.4 科技成果的权属及其改革探讨

国务院办公厅2023年颁发的《专利转化运用专项行动方案(2023—2025年)》指出,要大力推进专利产业化,加快专利价值实现。其中一点则是要梳理盘活高校和科研机构存量专利,建立市场导向的存量专利筛选评价、供需对接、推广应用、跟踪反馈机制,力争2025年底前实现高校和科研机构未转化有效专利全覆盖。由高校、科研机构组织筛选具有潜在市场价值的专利,依托全国知识产权运营服务平台体系—线上登记入库;有效运用大数据、人工智能等新技术,按产业细分领域向企业匹配推送,促成供需对接;基于企业对专利产业化前景评价、专利技术改进需求和产学研合作意愿的反馈情况,识别存量专利产业化潜力,分层构建可转化的专利资源库。通过上述完善措施的推进,实现对专利转化效果的提升,进而加快科技成果权属改革的进程,充分发挥高校的科技成果实际价值。

科技成果的权属类型表现为多种形式,主要体现为对科技成果完全享有权利以及部分享有权利,此外自2016年西南交大开展职务科技成果混合所有制改革以来,科技成果的混合所有制权属形式开始被学者广泛探讨,在全国多地开展了试点试验。根据相关法律规定,在不与他人已取得的合法合理在先科技成果权利相冲突的情况下,科技成果人对其科技成果享有权利,具体有如下几种情形:

6.1.4.1 完全享有权利的情形

企业对技术成果完全享有权利包括两种情况:一种是该技术成果完全由企业自行开发,没有其他组织的参与;另一种情况是该技术成果按照约定归企业完全享有权利,其他组织除了获取合同中所约定的利益之外,不再对技术成果享有任何权利,如通过委托开发合同,受托方开发技术成果之后,按照合同约定由委托方完全享有该技术成果,受托方按照合同约定从委托方处收取约定的报酬即可。需要指出的是,此处所说的完全享有权利,是在没有其他人对该技术成果申请并获得专利的情况下,企业对其所开发的成果所享有的一种事实上的权利,这种权利不能对抗其他人通过法律程序取得专利权的技术成果。当然,自行开发的技术成果,企业可以自主选择通过何种方式进行保护、如何保护,享有自主申请专利并获得专利权的权利,其他组织不得进行干预。从这点上说,企业也享有完全的权利,不会受到其他组织、个人的阻挠。

6.1.4.2 共同享有权利的情形

一项技术成果,如果是由几个企业或者是企业与科研院所及高校联合开发所取得的,则此时参与技术开发的企业、科研院所对该技术成果共同享有权利。未经同意,任何一方合作者不得将属于各方共有的技术成果单方面处分,必须按照合作协议的规定对该技术成果予以实施,如果允许合作方之外的组织实施该技术,则所获得的许可使用费应当按照约定进行分配。相关法律规定:合作各方有权对该技术成果共同申请专利;对于合作开发所取得的技术成果,如果有合作一方不允许申请专利的,则其他合作各方不得申请专利;如果一方合作者放弃申请专利的权利,其他合作方可以申请专利并取得专利权,放弃申请专利的一方对该专利有免费实施权。因此,一个企业如果准备通过合作的方式开发技术成果,就必须在合作开始时对技术成果的相关权利归属作出约定,以免事后发生纠纷。另外,通过委托开发的技术成果,如果委托合同中对技术成果的归属没有作出规定的,则申请专利的权利归受托方享有。虽然如此,作为委托方,其委托他人开发技术成果的目的就是要取得对技术实施的权利,因此按照合同目的,即使委托人不能获得技术成果的专利申请权以及专利权,但专利授权之后,委托人应当有权免费实施该专利技术。

6.1.4.3 职务科技成果混合所有制改革探究

当前科技成果混合所有制仍处在改革和探索的阶段,目前核心做法是职务科技成果的分割确权和对科技成果知识产权的共同申请来实现"混合所有",且正在全国范围内继续推行和实践改革,不断优化可行性和改革效果(胡俊等,2019)。科技成果转化难、转化率不高制约我国科技创新、产业发展是科技成果混合所有制改革产生的背景。根据《中华人民共和国促进科技成果转化法》(2015年修订)第2条规定,职务科技成果指的是执行研究开发机构、高等院校和企业等单位的工作任务,或者主要是利用上述单位的物质技术条件所完成的科技成果。按照我国的科研成果管理办法和相关法律规定,高校科研人员的职务科技成果的所有权归属学校,其发明人可获得奖励或一定的荣誉(刘鑫,2020)。

我国高校科技成果混合所有制存在着激励不足、不能充分调动科研人员参与科技成果转移转化的积极性等问题。根据《2022年中国专利调查报告》，从有效发明专利的许可率、转让率和实施率三个方面来分析：通过图6-3可知，从不同专利权人来看，企业专利权人发明专利许可率走势与整体情况相近，整体呈稳步上升态势，由2018年的5.0%提高至2022年的13.8%。高校与科研单位整体呈平稳上升态势，在2022年出现阶段性低点，发明专利许可率分别为7.9%和6.3%，分别较上年下降1.1个和1.6个百分点。我国高校有效发明专利许可率情况不尽如人意，较企业的发明专利许可率来看仍存在较大差距。

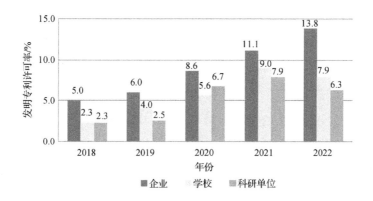

图6-3　2018—2022年不同专利权人发明专利许可率

在高校职务科技发展成果确权之初，国内研究型高校普遍的做法是在保持职务发明处置权和收益权归单位的前提下，通过不断优化教学科研管理人员可以获得奖励报酬的政策法律的规定，以及细化相关信息和操作细则，如奖励金额的最低标准、奖励金额的支付期限等，以确保发明人获得奖励报酬权，这就是中国高校职务科技创新成果确权的第一种模式——"单位优先"模式。从产权角度看，这种确权模式继承了一贯的改革思路，其基本特征是利用《促进科技成果转化法》，将我国资本处置权下放给高校，高校不再审批备案，只需改进相关配套措施，但这种模式不可避免地巩固了单位的强大地位。因此，在实际的转型过程中，如果要参与技术商业化转型，就会面临法律制度的制约、审批时间长、税收比例高等诸多障碍，这将大大降低科研人员参与商业化转型的积极性,制约着对时效性要求高的职务科技成果的转化和实施。

为了有效提高科研人员从事研发的积极性,持续提高科研成果质量和科技成果转化率,西南交通大学(简称"西南交大")国家大学科技园2010年开始率先探索职务科技成果混合所有制改革工作,通过学校出台的《西南交通大学专利管理规定》改变其所有权属性,将之前科技成果完全属于国家所有权的状态改变为国家、职务发明人共同所有,将"先转化、后确权"改变为"先确权、后转化",将成果奖励权改变为专利权(刘鑫等,2020)。具体实现路径为,通过职务科技成果知识产权的分割确权或通过新知识产权的共同申请,将奖励前置简化为国有知识产权奖励,对既有专利和专利申请,让校方和发明人共同拥有专利权利,而非以往政策中提到的先转化,再将收益分给发明人。通过国家和个人产权混合共同所有的模式,可以实现对职务发明人或者职务发明团队的奖励。对新的专利申请,学校通过共同申请实现对职务发明人的奖励。

2020年5月28日,十三届全国人大三次会议审议通过了《民法典》,这是新中国成立以来第一部以"法典"命名的法律,也标志着我国权利制度进入到全新的民法典时代。而科技成果权利及其归属制度的改革之路,也正是我国民事权利制度发展变迁的直观体现:(1)在法律关系上,实现了从所有制关系到所有权关系的突破,这让科技成果成为民事权利的客体成为可能,让自然人、法人成为科技成果的权利主体成为可能;(2)在权利内容上,实现了从笼统的所有权观念到法定知识产权规则的突破,让科技成果受到严格的法律保护成为可能,让受到知识产权保护的科技成果变成市场要素成为可能;(3)在权利主体上,实现了从国家所有到单位,从单位到个人的突破,这让激励科研人员成为可能,让科技人员利用科技成果创业或者获利成为可能;(4)在权利归属上,实现了从行政管理调整(政府管)到依法规定和依约定确定相结合(市场管)的突破,"私权利法无禁止皆可为"的原则让权利人自主处置权利受到法律保障,而"公权力法无授权不可为"的依法行政原则让行政不当干预受到了制度的约束。

站在这样的历史时间点上,看待科技成果权属改革中的公与私的问题,必须回归当前以知识产权为核心的科技成果民事权利框架:不应混淆科技成果行政管理的事权与权利人拥有的涉及科技成果的民事权利;不应混淆政府作为民事主体基于财政科技项目资助、政府采购等市场化方式取得成果的契约权利与政府作为行政主体依据法律授权行使涉及科技成果的行政管理职权;不应混淆国有事业单位的国家所有与国有事业单位对其法人财产享有的合法权利。必须坚持行政机关对任何民事主体民事权利及其行使的干预只能以法律明确授权的方式和程序为界限。

6.2 产学研合作模式的优化

6.2.1 发挥企业在产学研合作模式中的主导作用

在产学研合作中,企业、高校和科研院所等各类创新主体凭借各自的禀赋优势在合作中发挥价值。创新主体的资源配置偏好和组织制度的赋存状态共同决定创新主体之间创新决策权力的配置结构(高丽媛等,2018),由此形成产学研合作的主导方和参与方。与企业参与产学研合作相比,企业主导产学研合作不仅能有效促进知识和资源向企业的流动,还能够更加有效地发挥市场在创新资源配置中的基础性作用,在研发合作中根据市场偏好不断调整创新方向以规避可能出现的决策偏差(孙耀吾等,2018),引导产学研合作始终围绕企业技术缺口进行,借此提升企业自身技术创新能力。

6.2.1.1 广度和深度视角下企业主导产学研合作的优化

从广度和深度两个维度来看企业主导产学研合作,企业主导产学研合作广度是指在以企业为主导的产学研合作中的高校或科研院所的数量,企业主导产学研合作深度是指企业在主导产学研合作过程中与单个高校或科研院所合作的频率。随着企业主导产学研合作广度的拓展,企业与更多的高校或科研院所开展合作,有助于企业从外部获取自身不具备的、更加多元化的知识资源,进而促进企业技术创新。由于高校院所的研究重点可能与企业的业务重点不完全一致,多元创新主体创新目标的差异可能会模糊企业的研发目标,不利于企业专注于技术创新。因此,双方在选择合作项目时需要进行充分的沟通和协商,实现企业对学术研究向实际成果应用转换的"最后一公里"接力。但是,当企业主导产学研合作的范围过于广泛,企业就不可避免地在多个项目的研发决策、信息协调和管理控制等方面面临资源均衡决策。企业主导产学研合作过度广化可能会导致组织间出现信任危机(杨震宁等,2020),有损于企业有效利用外部知识资源。此外,企业的搜寻成本、协调成本和知识整合成本也会随之增加,进而对企业技术创新产生负向影响。

随着企业主导产学研合作的深入推进,企业与高校或科研院所等创新主体之间逐步在价值理念和管理协调等方面趋于协同一致,通过建立成熟的合作机制推动技术联合创新。合作的深入推进可以增进各方对已有知识和合作目标的理解,通过稳定的合作渠道推动技术创新。但是,随着企业与同一创新主体合作频次的增加,企业注意力及技术轨迹的限制会分散企业对其他知识来源的关注度,导致企业创新陷入同质化封闭网络。因此,当企业主导产学研合作过度深化时,知识同质化带来的负面效应可能会超过协同合作机制强化带来的正向影响,从而对企业技术创新产生不利影响。

6.2.1.2 企业结构性权力对技术转移成果转化的影响

结构性权力是一种构建结构和规则的权力。组织中的结构性权力来源于组织所拥有的层级权威、对关键资源的掌控力度和组织在网络中的位置(Astley et al.,1984)。创新主体在合作关系中拥有不同的结构性权力,由此形成对相应决策事项的主导权,进而影响研发合作中的战略决策、资源投入、利益分配与合作关系存续等事宜。从层级权威、网络位置和资源掌控三种结构性权力源泉出发,考察企业结构性权力对企业主导产学研合作与关键技术创新关系的影响分别如下:

企业层级权威的影响：在企业主导产学研合作的过程中，具有层级权威的企业能够在开放式创新中掌握创新决策权，为关键技术创新配置最优资源组合，提升研发合作效率。拥有层级权威的企业能够基于一定的市场地位，以市场需求牵引关键技术创新。在此过程中，主导企业扮演着组织引领者的角色，不仅能促进企业主动探索产业关键技术的发展方向，还能引领技术标准形成（孙冰等，2021），强化企业在技术与经济竞争中的强势地位，提升关键技术创新绩效。随着企业层级权威增强，企业在广泛的产学研合作中发挥技术架构优势，扩大技术优先选择的辐射范围，提高企业扩大合作广度带来的边际收益，弱化企业主导产学研合作过度广化对关键技术创新带来的负向影响。

由于企业与科研机构的组织类型不同，存在管理体制和创新目标等方面的差异，创新主体的联合研究协同度成为影响企业共性技术创新的重要因素（郑月龙等，2024）。企业拥有的层级权威越高，越有助于企业在主导产学研合作过程中构建一套适应于自身特点与规律的合作框架与相互包容、利益共享的运行机制。明确的领导权关系能有效制约产学研合作中的机会主义行为，降低企业的沟通协调成本，凝聚产学研合作中各参与方的合作共识。企业拥有的层级权威较弱时，企业与科研机构建立协同合作机制的边际成本较高，会削弱企业主导产学研合作深度对关键技术创新的促进作用。而随着企业层级权威增强，企业构建并维护协同合作机制的平均成本逐渐下降，企业层级权威会弱化企业主导产学研合作过度深化对关键技术创新的负向影响。

企业网络位置的影响：在创新网络中，企业可以凭借网络位置构建获取、控制并影响信息的结构性权力。网络中心位置有助于企业利用位置优势桥接多个创新主体，及时了解和应用其他创新主体的创新成果，持续进行市场需求观察分析、技术系统深入理解和技术发展动态跟踪，即时把握行业技术工艺、装备水平的创新进展和产品需求趋势，准确研判技术研发方向并提出有价值的创新问题。在高网络位置中心度的加成下，处于网络的中心节点可以提高企业在网络中的可见性和声誉,吸引其他参与者的合作和支持,降低企业寻找合作伙伴的搜寻成本,减轻企业主导产学研合作过度广化对关键技术创新绩效产生的不利影响。即企业占据网络中心位置能够弱化企业主导产学研合作过度广化对关键技术创新的负向影响。占据中心位置的企业能够基于网络位置优势,发挥其对信息的控制和影响能力,进而对自身及外部组织的创新活动产生影响。企业通过网络触手接触多个具备异质性知识的创新主体,一方面有助于企业在产学研合作中保持信息优势,通过替代性资源的掌控降低其对特定技术或资源的非对称依赖,促进外部异质性知识与内部资源的整合;另一方面,也有助于企业利用多样性的合作保持组织内部核心知识与外围互补知识的异质性(Williamson et al.,2012),降低组织路径依赖风险,缓解企业主导产学研合作过度深化导致的知识同质化问题。

企业资源掌控的影响:在研发合作中,企业掌握关键创新资源可提高合作创新的效率和质量。当企业拥有的关键创新资源不足时,企业与学研机构合作能帮助企业快速填补知识空白,但在此过程中企业对外部资源的依赖会削弱企业主导地位。当企业自身拥有的关键创新资源不断增加时,企业能够凭借资源掌控带来的结构性权力更好地掌控创新过程和创新成果,在开放式创新中吸引更多合作伙伴(Alexy et al.,2013),利用多种异质性资源实施更有效的创新战略。同时,知识基础的积累使企业对外部知识的理解和吸收能力随之提升(李子彪等,2021),有助于企业吸收高校院所互补性的创新资源,更好地发挥企业主导产学研合作对企业创新能力的提升作用。

在企业主导产学研深度合作的过程中,企业掌握关键创新资源可以提高企业在产学研合作中的议价能力,实现对企业更加有利的资源配置和知识共享。基于对关键创新资源的掌握,企业能够为技术研发提供更具竞争力的技术支持,更好地指导研究方向和技术路线,发挥关键技术创新"出题人"和"阅卷人"作用。此外,掌握关键创新资源有助于企业自证"搭便车"嫌疑,通过知识嵌入与高校院所建立信任机制(梁娟等,2015),推动组织构建长期稳定的合作关系,借助高强度的异质性知识合作与共享提升企业关键技术创新能力(Cummings,2004),企业掌握关键创新资源能够弱化企业主导产学研合作过度深化对关键技术创新的负向影响。

6.2.1.3 强化企业主导的产学研深度融合的建议

企业应当积极参与产学研合作并主动寻求在合作中的主导地位以提升关键技术创新绩效。企业在通过工业互联网、创新联盟等平台广泛寻求产学研创新优势互补时,既要适当限制合作广度以避免过高的搜寻成本、协调成本和知识整合成本为创新绩效带来的负向影响,也要适当控制合作深度以避免陷入同质化创新陷阱。其次,拥有较高层级权威和较高网络中心度的企业应借助自身结构性权力,发挥大型企业的研发创新带动作用,积极主导开展广泛而深入的产学研合作,在关键技术研发、创新生态培育等方面扮演更加积极的角色。最后,创新资源较少的企业应当主动接入科技企业孵化器、科技产业园区等平台,拓展与高校院所的连接,并积极引导产学研合作解决自身"卡脖子"难题,拥有较多创新资源积累的企业在主导产学研合作时,应当更加谨慎地选择合作伙伴,预防广泛合作带来的知识外泄风险和深度合作伴随的知识同质化锁定风险,防止过度合作对关键技术创新产生负向影响。

6.2.2 构建以产学研合为基础的新型创新联合体模式

创新联合体作为突破产业发展关键核心技术的重要载体,是由领军企业牵头组建的多主体联合攻关的有效组织形式,也是促进产学研协同、科技创新成果转化的有效途径和组织模式(白京羽等,2020)。在创新联合体内部,各创新主体通过相互学习使创新要素和创新资源顺畅流动与合理配置,彼此间融合形成紧密的创新网络关系(张羽飞等,2024),有组织地推进重大原始性创新和关键核心技术突破(尹西明等,2022),从而形成一套更为完整高效的产学研合作模式,进而提升技术转移和成果转化的成效。从创新联合体的起源来看,早期的创新合作模式有研究联合体、产业技术创新战略联盟等形式。研究联合体较早起源于美国、日本等发达国家,是企业间为破解共性技术问题,以共同投资方式建立而成的研发组织,并共担成本风险、共享研发成果。产业技术创新战略联盟是指由企业、大学、科研机构或其他组织机构发起成立的技术创新合作组织,强调协同研发、资源互补、利益共享、风险共担,旨在提升产业技术创新能力,强调政府和市场在其组建与运行中的影响(解学梅等,2020)。

随着技术创新程度和形式的复杂化、多样化及知识的隐性化,受到利益分配、资源配置和市场分割等因素影响,传统产学研协同模式在数字科技时代面临一系列挑战。同时,科技成果转化顶层设计和政策机制的"失灵",创新主体积极性不高、创造动机不强等问题,导致科技创新成果无法快速实现产业化。因此,在科技自立自强建设世界科技强国这一战略使命下,一种更加强调国家战略需求的产学研合作形式——创新联合体应运而生(陈凯华等,2023)。不同于传统产学研合作模式,创新联合体旨在发挥科技领军企业作为创新活动牵头者的作用,引领产业链上下游企业和研究型大学、科研院所,以"卡脖子"技术、前沿技术的颠覆式创新突破为目标,实现产业链创新链融通创新。从构成主体来看,创新联合体是在领军企业引领下组建而成的,包括高等院校、科研机构、其它各类企业等创新主体;从合作机制来看,主要以推进产学研深度融合为基础,在国家战略需求下,承担原创性、颠覆性关键核心技术的突破与攻关任务。不同类型创新联合体的区别如表6-2所示。

表6-2 不同类型创新联合体的区别对比表

类型	功能定位	建设方向	创新机制	构成主体
产业技术创新战略联盟	建立产学研用技术创新体系,提升产业技术创新能力	国家重点产业和区域支柱产业	政府引导,市场导向	由领域骨干企业、大学或科研院所负责构建,其他组织机构可作为成员参加
一般创新联合体	推动产学研一体化发展,加速科技成果转化,提高企业技术创新水平	国家重大科技项目	市场主导,经济利益驱动,自由探索	由领军企业牵头组建,相关企业、高校、科研院所可作为成员参加

(续表)

类型	功能定位	建设方向	创新机制	构成主体
产学研深度融合创新联合体	推动产学研深度融合，承担"卡脖子"关键核心技术攻关任务，攻克重大科技问题与产业关键共性技术问题	重大科技问题和行业关键共性技术问题	市场主导，有组织的科研	包含企业、大学、科研院所、政府等传统产学研主体，还包含科技金融机构、中介服务机构等新型产学研主体
高能级创新联合体	以实现国家高水平科技自立自强为目标	高水平科技自立自强使命与任务	新型举国体制，使命驱动，有组织的科研	国家实验室，高水平研究型大学，科技领军企业，国家科研机构，战略科技人才和区域科技创新中心

6.2.2.1 战略引领新型产学研创新联合体模式

技术成果的转移转化的根源在于高质量高价值的技术创新，从技术创新视角来看，关键核心技术具有高度的知识密集性、难以复制性和因果机理模糊性，其内在研发过程易受社会环境和技术环境相关组合效用的影响，仅凭单一创新主体难以完成研发突破工作，而建立创新联合体是强化国家战略使命导向下提升企业产业性技术创新能力、打开关键核心技术"复刻黑箱"的有效途径，从而形成驱动关键核心技术突破的新质生产力。从高质量发展视角来看，企业是连接科技与产业的重要桥梁，创新联合体能够充分发挥高校、科研院所在基础研究方面的优势，通过"政府搭台+产业出题"的模式开展重大原创性技术、前沿科技产品的应用基础研究，引领产业链上下游企业开展产学研协同创新，从而打造高效协同的原始创新生产力。由此可见，以科技领军企业牵头组建高层次创新联合体的方式组织实施国家科技计划项目，瞄准具有先发优势的潜在关键技术和引领未来产业的前沿技术，加快科学研究与技术创新，攻克关键核心技术"卡脖子"难题，突破美国等西方国家的"科技封锁"，打造国家战略科技力量，以硬科技赋能现代化产业体系建设，推动一大批先进和前沿技术尽快涌现，努力抢占科技竞争制高点，把握新质生产力发展主动权，进而赋予江苏技术转移与成果转化的强大内生动力。

6.2.2.2 市场导向新型产学研创新联合体模式

生产要素创新性配置是技术转移与成果转化生成的条件之一,要深化经济体制、科技体制等改革,着力打通束缚技术转移与成果转化发展的堵点卡点,建立高标准市场体系,创新生产要素配置方式,让各类先进优质生产要素能够在技术转移与成果转化的过程中顺畅流动。

坚持市场导向是尊重知识和尊重创新规律的重要体现。例如,企业针对自身面临的基础研究和产业共性技术研发需求,可以通过"政府引导＋揭榜挂帅＋企业出题"的方式遴选高校、科研院所及产业链上下游企业组建创新联合体,帮助其完成重大项目与创新产品的产业化落地(谭劲松等,2021)。同时,高校可以通过产教融合、科教融汇的方式为企业提供智力支持和人才供给,一方面帮助企业提供产业共性技术的基础理论与方法,另一方面提升人才培养质量,从而形成创新联合体、产教联合体两个互联互通的正向反馈机制,为技术转移与成果转化提供可持续的教育、科技、人才输出动能。以创新驱动发展促进科技同产业的深度融合,形成高效、稳定的技术扩散网络,充分发挥各主体技术优势、补齐技术短板,系统提升企业技术创新能力(李林等,2024)。

因此,坚持市场导向、跨界集成,促使资源与要素在创新联合体网络中实现聚变及裂变,实现各主体之间资源、技术优势互补,全要素深度融合,避免重复投资和研发,提高技术研发创新效率。同时,通过市场导向的创新联合体整合产业链创新链不同环节上的大中小企业创新资源,形成以企业为主体、市场为导向、全产业链协同的技术创新体系,打通科技创新与成果转化的"最后一公里",促进产业协同发展,形成新兴产业集群,提升产业链供应链安全与韧性,从而形成自主可控的技术转移与成果转化。

6.2.2.3 场景驱动新型产学研创新联合体模式

创新驱动发展战略下大力发展新质生产力是江苏的时代责任,如何将发展新质生产力的过程与促进技术转移与成果转化的过程动态结合是亟须解决的关键问题。新质生产力具有高科技、高效能、高质量特征。早在20世纪 80 年代,弗里曼、佩雷兹等新熊彼特学派创新经济学家便开始对技术革命进行系统研究并指出,当多个关联的通用目的技术(GPT)同时或相继出现激进式创新时,往往会引发技术革命,这些通用目的技术渗透于经济社会各环节,具有很大提升空间,能够带来巨大溢出效应(马文君等,2020)。因此,发展具有高科技高性能含量的通用型、智慧型未来产业至关重要。工业和信息化部、科技部、教育部等七部门联合印发的《关于推动未来产业创新发展的实施意见》明确提出,"以场景为牵引,贯通研发与应用,加快产业化进程","加强产学研用协作,打造未来产业创新联合体,构建大中小企业融通发展、产业链上下游协同创新的生态体系"。政府牵头、企业主导、多主体参与联合打造类脑智能、量子信息、下一代网络、深海空天开发、氢能储能等未来产业场景驱动的高能级创新联合体,致力于实现自主创新、协同创新、全面创新的统一,将其置于整合式创新理论指导下的新型国家创新体系中(陈劲等,2018)。

一方面,通过场景驱动,牵引创新链产业链深度融合,明确不同创新主体的功能定位,激活各类创新主体,深度参与科技攻关,推动产学研协同创新深度融合。立足不同产业特点和差异化需求,以场景化方式推动数字化车间和智能工厂建设,推进强链延链补链,持续优化产业结构。场景驱动型创新联合体,推动各类创新主体开展"有组织的科研",瞄准颠覆性创新和"卡脖子"关键核心技术突破,促进"科创+产业"加速融合,统筹推进传统产业升级、未来产业培育,有力支撑我国现代化产业体系建设(尹西明等,2024)。

另一方面,聚焦国家"四个面向"和"硬科技"领域的产业共性技术难题,由技术创新能力突出、有产业技术创新需求和应用场景优势的科技领军企业提出攻关需求或场景设计,协同高校、科研院所、产业链上下游企业等成立创新联合体,充分利用各创新主体的优势,按照技术攻关任务、场景建设需求进行协同攻关。由此可见,创新联合体能够在打造未来场景的过程中驱动技术突破和产业孵化形成良性循环,促进新质生产力加速形成。

第七章 中国技术转移成果转化的实践与展望

7.1 中国技术转移成果转化的现状分析

7.1.1 我国技术转移成果转化总体现状

当前,高校与科研院所依然"重论文轻转化",科研成果评价体系与科研经费管理制度仍不完善。尽管科研人员奖酬比例不断提高,但是整体成果转化率并没有明显提高。可见,成果转化的核心问题并不在于奖酬比例,而是在于完善科技成果转化管理体系,打造专业化的科研管理人员与技术经理人队伍。

我国科技成果转化率不足10%,真正实现产业化的还不到5%,而发达国家科技成果转化率高达40%~50%。问题主要集中在三个方面:一是高校与科研院所管理考核体系仍以教学科研为指挥棒,缺乏成果转化考核;二是重视研发成果的科研人员,奖酬较高,忽视成果转化的其他主体,没有激励如科研管理人员和技术经理人,影响其作用发挥;三是高校、科研院所与企业之间没有建立成熟的技术合作渠道与平台机制,合作效率较低。目前,高校与科研院所依然"重论文轻转化",科研成果评价体系与科研经费管理制度仍不完善。大部分高校与科研院所的科研成果考核仍以专利授权为标准,使得科研成果大批产生,但真正转化落地却极少,大量成果束之高阁。尽管科研人员奖酬比例不断提高,但是整体成果转化率并没有明显提高。可见,成果转化的核心问题并不在于奖酬比例,而是在于完善科技成果转化管理体系,以及打造专业化的科研管理人员与技术经理人队伍。

科技成果转化是科技转变成现实生产力的重要途径,是创新驱动发展的基础,是科技支撑供给侧结构性改革的关键举措,得到党中央的高度重视。2014年习近平总书记在两院院士大会上指出,"科技成果只有同国家要求、市场需要、人民需求相结合,完成从科学研究、实验开发、推广应用三级跳,才能真正实现创新价值、实现创新驱动发展"。这段论述明确了中国科技研发的出发点、落脚点,同时也明确了科学研究与成果转化的关系,为科技成果转化指明了方向。

经过30多年的发展,我国科技成果转化的政策、市场和服务环境不断优化。自1978年国家实行改革开放以来,中央先后发布了6份"决定"及"意见",制定出台300多项促进科技成果转化的政策法规、实施细则与行动方案,将科技成果转化作为重要目标,初步形成了具有中国特色的促进科技成果转化的政策法规体系。

特别是党的十八大以来,以习近平同志为核心的党中央、国务院在科技创新驱动发展的基础上,对科技成果转化从法理变更到实施落地,做了一系列突破性调整。2015年修订《中华人民共和国促进科技成果转化法》,次年2月国务院印发《实施〈中华人民共和国促进科技成果转化法〉若干规定》(国发〔2016〕16号)、4月国务院办公厅印发《促进科技成果转移转化行动方案》(国办发〔2016〕28号),形成了从法律、配套细则到具体任务部署的科技成果转移转化工作"三部曲"。

此后,国务院办公厅、财政部、税务总局、科技部、人社部等,纷纷围绕国有知识产权处置权、科技型国有企业股权激励、科技成果转化过程中税费征缴、科研人员兼职兼薪等问题,出台了《关于实行以增加知识价值为导向分配政策的若干意见》(厅字〔2016〕35号)、《关于修改〈事业单位国有资产管理暂行办法〉的决定》(财政部令第100号)、《国有科技型企业股权和分红激励暂行办法》(财资〔2016〕4号)、《关于扩大国有科技型企业股权和分红激励暂行办法实施范围等有关事项的通知》(财资〔2018〕54号)、《人力资源社会保障部关于支持和鼓励事业单位专业技术人员创新创业的指导意见》(人社部规〔2017〕4号)、《财政部、国家税务总局关于全面推开营业税改征增值税试点的通知》(财税〔2016〕36号)、《财政部、国家税务总局关于完善股权激励和技术入股有关所得税政策的通知》(财税〔2016〕101号)、《财政部、税务总局、科技部关于科技人员取得职务科技成果转化现金奖励有关个人所得税政策的通知》(财税〔2018〕58号)等法律法规、政策文件。系列文件在明确科技成果转化形式、简化知识产权处置审批程序、下放科技成果定价权及处置权、提升科技成果转化奖励分配额度、确定科研人员兼职取酬合法化、免征特定企业增值税、减免个人所得税等各个方面,均形成诸多重大政策突破,全面支持鼓励科研单位、科研人员开展及分享科技成果转化的成果,释放了强烈的政策信号,极大地解放了生产力(杨洋,2019)。

与此同时,国务院及各级政府大力鼓励建立并发展技术市场,支持民营科技企业、科技企业孵化器、高新技术产业开发区的创办与发展,实行相关税收优惠政策,推进战略性新兴产业发展。这系列重要举措,不断推进中国科技成果转化事业从"全面开花"向"全面深化",从"加速发展"到"重点突破"的深刻变革。

7.1.2 我国高校科技成果转移转化现状

党的二十大进一步明确了科技创新在我国现代化建设全局中的核心地位。党的二十大报告强调,加强企业主导的产学研深度融合,强化目标导向,提高科技成果转化和产业化水平。显著增强科技成果的转移和转化效能,是实现科技领域高水平自立自强的核心要求,同时也是学术界与商业界共同追求的目标。高等教育机构,作为科技成果的主要孵化地和供应者之一,其在成果转化和技术转移方面的活动,对于提升企业的生产力水平以及推动地方经济的发展起到了显著作用。深化政府、产业、学术界、研究机构以及金融机构之间的融合,推动科技成果的转移和转化,为区域经济的发展提供服务,这是构建创新型国家战略的关键环节。通过这样的合作与努力,我们能够更好地促进知识和技术的流动,将科研成果转化为实际的生产力,进而为社会和经济的持续进步提供坚实的支撑。

(1) 产学研合作有力促进高校科技成果转移转化

高等教育机构在创新活动中扮演着至关重要的角色,它们不仅是国家战略科技力量的关键组成部分,也是科技成果转移和转化的主要实施者之一。目前,这些机构在促进产学研合作方面取得了显著成就,科技成果转化的金额达到了前所未有的高度。然而,高校仍需努力解决制约成果转化的各种困难和阻碍,持续提升将科研成果转化为经济效益的能力,以促进大量科技成果的实际应用和产业化。根据国家知识产权局发布的《2022年中国专利调查报告》,2022年我国高校有效发明专利实施率达到了16.9%,比2021年增长了3.1%;而高校发明专利的产业化率仅为3.9%,相比2021年也有所上升,增长了0.9%。高校发明专利的许可率为7.9%,其中普通许可占比达到了64.3%。在2021—2022年期间,以高校为第一专利权人的产学研发明专利产业化率为17.8%,其中近八成的成果由重点高校完成,显示出产学研合作显著促进了高校科技成果转移转化的活跃度。《中国科技成果转化2023年度报告(高等院校与科研院所篇)》的数据也显示上升趋势,年度报告所统计的高校院所,以转让、许可、作价投资和技术开发、咨询、服务6种方式转化科技成果的总合同金额由2019年的1 085.9亿元增长到2023年的2 054.4亿元。高校院所实施的转化项目数量也较快增长,以6种方式转化科技成果的总合同项数,由2019年的43.3万项增长到2023年的64.0万项。截至2023年底,1 038家高校院所成立了适合自身特点的技术转移机构;高校院所专职从事科技成果转化的人员为17 881名,科技成果转移转化机构和人才队伍建设不断趋向专业化。

2018至2022年间,我国高校院所科技成果转化的合同项数及金额变化情况呈现出几个显著特点:

一是科技成果转化的交易金额持续呈现上升趋势。高校院所以转让、许可、作价投资和技术开发、咨询、服务6种方式转化科技成果的总合同金额和平均合同金额均呈现出了明显的增长趋势。2022年科技成果转化均价略有增长,6种方式转化科技成果的平均合同金额为31.6万元,比上一年增长12.8%。如图7-1所示。这些数据充分展示了我国科技成果转化领域的活跃度及其在推动科技创新和经济发展中的重要作用。

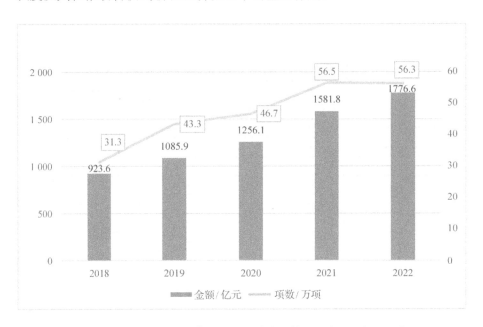

图7-1　2018—2022年高校院所科技成果转化总合同金额和项数

二是科技成果转化的规模正在不断扩大。无论是通过转让、许可还是作价投资等多种方式转化的合同总数,整体呈现稳步上升的态势,转让合同项数最多,占3种方式总合同项数(29 289项)的63.3%。2022年高校院所以转让方式转化科技成果的合同项数为18 546项,比上一年度增长21.96%;以许可方式转化科技成果的合同项数为10 189项,比上一年度增长34.47%;以作价投资方式转化科技成果的合同项数为554项,比上一年度增长0.91%。这些数据不仅反映了我国高等院校在科技成果转化方面的活跃度,也展示了科技成果转化效能的逐年提升,体现了我国在推动科技成果产业化方面取得的显著进步。如图7-2所示。

三是产学研合作的新渠道持续得到拓展。高校与企业等机构联合创设

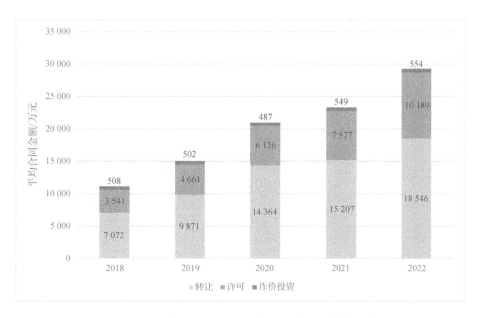

图 7-2　2018—2022 年以转让、许可、作价投资方式转化科技成果的平均合同金额

和参股的新公司数量明显增长,从 2018 年的 1 115 家增加到了 2022 年的 2 662 家。其中,中央所属高等院校创设和参股公司数量为 872 个,较 2018 年 345 个增加 152.75%;地方所属高等院校创设和参股公司数量为 1 790 个,较 2018 年 770 个增加 132.47%。如图 7-3 所示。但是,其中信息不对称问题依然存在,高校科研团队产出的科技成果与市场需求之间的信息匹配不充分,仍然是制约科技成果转化效能提升的一个重要因素。因此,高校技术经理人队伍的培养和锻炼对于提高科技成果转移转化效能具有至关重要的作用。为了推动这一进程,相关政策在持续支持高校建立内部的转移转化机构的同时,也非常重视人才体系的建设。

(2) 政策组合发力驱动高校科技成果转移转化量质齐升

自党的十八大以来,我国在科技成果转移转化体制方面的改革取得了显著成果。国家相继对《促进科技成果转化法》《专利法》《科学技术进步法》等关键法律进行了修订。同时,通过实施一系列财政、税收、金融和人才政策,以及建立技术要素市场、企业孵化器、技术概念验证与中试熟化平台、大

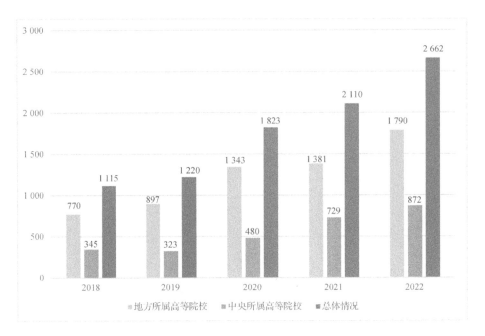

图 7-3 2018—2022 年高校创设和参股公司数量

学科技园、技术加速器、高新技术产业开发区、区域性技术转移中心、国际科技合作基地等多种形式的综合措施,全方位、多渠道地协同推进科技成果的转移和转化,确保改革成效得以实实在在地体现和落地。这些措施的总体特征表现在对科技成果转化过程的全面促进和有效支持上。

一是中央与地方科技成果转化促进政策密集推出。自中央与地方政府积极推出科技成果转化促进政策以来,一系列针对"科技成果转化三部曲"等政策的实施措施陆续被国家和地方政府制定和推广。这些政策措施广泛覆盖了总体要求、基础机构建设、转移通道的优化、政策环境的完善以及组织实施等多个方面。在这些方面中,基础机构建设和政策环境的完善占据了较高的比例,其次是组织实施和转移通道的优化,而总体要求的比重则相对较低。在国家层面,2020 年 2 月,教育部、国家知识产权局和科技部联合发布了《关于提升高等学校专利质量促进转化运用的若干意见》(教科技〔2020〕1 号),目标是加强高价值专利的创造、应用和管理。紧接着在 2020

年5月,科技部、教育部推出了《关于进一步推进高等学校专业化技术转移机构建设发展的实施意见》(国科发区〔2020〕133号),旨在促进高校技术转移机构的高质量建设和专业化发展。同年5月,科技部等九个部门发布了《赋予科研人员职务科技成果所有权或长期使用权试点实施方案》(国科发区〔2020〕128号),专注于探索建立赋予科研人员职务科技成果所有权或长期使用权的机制和模式。2021年6月,国家知识产权局、教育部共同发布《高校知识产权信息服务中心建设实施办法(修订)》(国知办发服字〔2021〕23号),以助力高校科技成果服务经济社会高质量发展的能力提升。2022年6月,教育部、工业和信息化部、国家知识产权局联合发布《关于组织开展'千校万企'协同创新伙伴行动的通知》(教科信厅函〔2022〕26号),该政策致力于推动建立一批校企创新联合体,支持校企协同创新的新机制、新模式的探索。到了2022年12月,教育部、国家知识产权局、科技部再次联合发布《关于组织开展'百校千项'高价值专利培育转化行动的通知》(教科信厅函〔2022〕42号),目的是挖掘一批具有市场化前景的高校科技成果,形成大量高价值专利,推动上千项高价值专利成果的转化落地,并构建可推广、可复制的高价值专利培育及转化应用的新模式和新机制。

在地方政府层面,河南省和山西省分别对《河南省促进科技成果转化条例》和《山西省促进科技成果转化条例》进行了修订,这两项条例均自2020年1月1日起正式实施,旨在进一步规范科技成果转化收益奖励的操作流程。2020年1月21日,四川省科技厅联合其他五个部门发布了《关于扩大高校和科研院所科研自主权的若干政策措施》(川科规〔2020〕2号),这一政策的核心在于进一步扩大高校的科研自主权,并致力于建立和完善一个以信任为基础的科研活动管理机制。紧接着,2020年5月29日,北京市教育委员会和河北省教育厅分别与各自本地区的对口职能部门合作,分别制定了《关于进一步提升北京高校专利质量加快促进科技成果转移转化的意见》(京教研〔2020〕5号)和《关于提升河北省高等学校专利质量促进转化运用的若干意见》(冀教科〔2020〕8号),这两项政策都旨在提升高校专利的质量,并加快科技成果的转移转化进程。2020年8月24日,山东省科技厅与其他八个部门共同发布了《关于深化省属高等学校、科研院所科技成果转化综合试点实施方案》(鲁科字〔2020〕65号),重点在于深化职务科技成果权属改革,完善科技成果转化的激励措施,以促进科技成果更快地转化为现实生产力。2021年7月30日,浙江省科学技术厅联合其他四个部门发布了《关于加强高校院所科技成果转化的实施意见》(浙科发成〔2021〕20号),目的是充分发挥科技成果转化在提升浙江省科技创新能力方面的重要作用。2021年11月25日,河南省人民政府办公厅发布了《关于提升高校科技创新能力的实施意见》(豫政办〔2021〕68号),该政策旨在加快构建一流的创新生态和国家创新高地,提升河南省高校的科技创新能力,以更好地服务于经济社会的发展。

二是完善能够体现知识价值的收益分配制度。为了保护和激发科研人员在创新创业过程中的积极性、主动性和创造性,我们需要采取具体而有效的措施,这样才能激励科研人员产出更多优秀成果,从而在全社会形成一种尊重知识、尊重人才、尊重创造的良好氛围。通过增强绩效分配激励的力度,可以确保科研人员的收入与其实际贡献紧密相连,进而在社会各界形成一种鼓励以知识创造价值,并确保价值创造者能够获得合理回报的机制。

(3) 高校专利运营态势整体向好

一是各高校专利运营的数量呈现出上升趋势。专利运营主要涵盖了专利转让、许可和质押等方式。《中国科技成果转化2023年度报告(高等院校与科研院所篇)》显示,2020年,全国高校在专利转让方面共完成了28 140件,许可方面为3 352件,而质押方面则为609件。相比之下,2019年的数据分别为专利转让17 953件,许可3 006件,质押569件;高校院所科技成果转化金额总体呈现上升趋势,年度报告所统计的高校院所(不同年度数据对应的高校院所数不同),以转让、许可、作价投资和技术开发、咨询、服务6种方式转化科技成果的总合同金额由2019年的1 085.9亿元增长到2023年的

2 054.4亿元,当年到账金额由 2020 年(2020 年之前没有统计技术开发、咨询、服务方式的到账金额)的 811.7 亿元增长到 2023 年的 1 352.7 亿元。高校院所实施的转化项目数量也较快增长,以 6 种方式转化科技成果的总合同项数由 2019 年的 43.3 万项增长到 2023 年的 64.0 万项。不仅高校发明专利转让的总量实现了翻番,还有华东理工大学、江南大学、江苏科技高校联盟等众多高校成为专利市场化运营的成功典范,它们通过知识产权的商业转让等多种途径实现了科技成果的市场价值。

二是高校在专利产学研合作方面表现突出。高校所采取的合作模式主要包括高校与科研院所、高校与企业以及高校与高校之间的合作。《中国科技成果转化 2023 年度报告(高等院校与科研院所篇)》显示,截至 2023 年底,高校院所与企业共建研发机构、转移机构和转化服务平台数量达到 19 574 家。这些机构和平台不断吸纳聚合各方资源助力科技成果转移转化,在促进科技成果供需有效对接方面,发挥了重要作用。此外,高校在与企业开展专利许可和转让合作时,十分注重过程管理,高达 85% 的高校会对被许可方或受让方的实施意愿进行调查,以防止潜在的恶意申请许可和购买行为;同时,有 97% 的高校会对许可和转让的全过程进行监控。

(4) 高校专利转化金额屡创新高,运营绩效显著

一是单笔高校专利成交额刷新历史纪录。通过鼓励专业团队的指导,进行精准的专利布局,以及时推动产学研协同创新及科技成果的转移转化,从而有效促进高校科技成果的精准、高效及高价值转化。例如,为了更好地促进这一过程,国家知识产权局专门组建了"微观专利导航工作组",该工作组进驻了山东理工大学,并对毕玉遂教授及其团队提供了专业指导。毕教授团队围绕其研发的"无氯氟聚氨酯新型化学发泡剂",开展了全面的专利布局分析、专利撰写及申请工作,对相关核心专利进行了全面分析,最大限度地扩展了其保护范围。同时,还针对下游产业链的潜在应用方向,设置了专利围栏,累计申请了 40 余项国内发明专利和 3 项 PCT 专利,覆盖了包括欧洲、美国、日本等在内的主要发达国家。该技术具有绿色环保、成本低廉的特点,打破了国外在该技术领域的长期垄断。最终,毕玉遂教授团队与补天公司签订了专利技术独占许可协议,成功实现了5.2亿元的高价值转化,其中毕玉遂教授团队分得了4亿元,并依照财政部、税务总局、科技部发布的《关于科技人员取得职务科技成果转化现金奖励有关个人所得税政策的通知》(财税〔2018〕58号),按照法律规定减按50%缴纳了个人所得税。

二是高校专利产业化运营的绩效显著提升。为了实现这一目标,各高校着力打造一个以市场化为主体的全链条服务体系,不断完善技术成果转化的公开交易与监管体系,积极拓展产学研合作的领域,并推进院士专家工作站建设、行业标准制定、共性关键技术攻关、专业人才培养以及产业工人培训等方面的工作。例如,浙江理工大学陈文兴院士领衔的团队开发的"聚酯熔体直纺"专利技术,在国际上处于领先地位,不仅绿色低碳,而且其转让金额高达1亿元。该项技术的应用,极大地推动了纺织产业向绿色转型的进程。通过这些具体实例可以看出,高校在专利产业化运营方面取得了显著的绩效,不仅促进了科技成果的转化,也为相关产业的发展提供了强有力的技术支持。

7.2 面临的挑战与问题

7.2.1 技术成果的商业价值有限

在传统的科研机构和高等院校中,作为创新的主体,它们的主要业务往往与生产第一线相脱节,导致其技术成果在商业化方面的价值受到限制。这些机构在科研过程中,往往更加注重技术的突破性创新、效率的提升以及资源的综合利用,而较少考虑到成果实施的成本、技术改造和升级的便捷性,以及最终产品的迭代更新能力。因此,市场对于这些科研机构和高等院校研发的技术成果的接受度并不高,有时甚至会出现企业投入巨大资源却未能获得预期成果的情况(杨洋,2019)。

为了实现从"研学产"到"产学研"的转变,应当逐步建立一个以产业化为目标的科技创新评价机制,或者将科技创新的主体从科研机构和高等院校转移到企业。许多大型企业针对实际产业问题设立的研发中心,能够更有效地解决生产实际问题,其研发成果也能更快速地在生产过程中得到验证。通过适当聘请一些学科领军人物担任顾问,或者将部分科研难题以项目委托的形式交给研发机构或高校进行研究,企业就可以有效地解决技术升级的问题。

7.2.2　科技成果产业化水平不高

在科研人员所属的大型科研开发机构和高等教育院校等学术环境中,普遍存在一种以"科研立命"为核心价值观的导向。这种价值观长期以来导致科技成果产业化活动往往被边缘化,仅被视为科研人员的副业或单位的次要任务。在这样的环境下,尽管专家和教授们可能会暂时投身于成果转化活动,以期提高个人收入、增强团队实力或出于其他动机,但他们的主要职业定位和追求目标依旧是科研和创新,旨在提升学术声望和在学界的地位。然而,科技成果的本质在于其作为商品的价值,其推广和转化的根本目的是通过市场经济手段实现科技成果的商业化和产业化。因此,成果转化活动本质上应该是以追求利润为目的的市场化行为,主导力量应该是以企业为主体的商业化机构。科技成果的商业化和产业化不应主要依赖于本质上非营利的科研和教育机构,以及缺乏专业市场经验的科研人员。相反,应该将重点转移到那些专门从事商业化活动的科技型企业或专业技术转移机构上(杨洋,2019)。

7.2.3　创业失败率较高

中国当前的成果转化政策在很大程度上鼓励专家学者主导创业活动,然而这一策略也是导致科研人员在创业道路上失败率居高不下的关键因素之一。科技成果从实验室到市场的产业化过程是一条漫长而复杂的道路,它涉及多个环节，每个环节都需要专业知识和技能。因此，我们应当鼓励专业人士做专业事，积极培养和发展专业的技术经理人才和技术转移服务机构。科技成果的产出只是产业化链条的起点，为成果的最终转化奠定基础，而科技成果的成功产业化则面临市场多变的不确定性。特别是当科技成果用于投资创立企业时，创业者需要具备对市场需求和产业现状的深刻理解，精通成果的价值和技术壁垒，掌握经济法、民法等基本的法务知识，熟悉财税操作，具备现代企业管理的经验，并且需要拥有出色的问题解决和沟通能力的综合型人才。这些高标准的要求往往是大多数从事自然科学研究的科研人员所欠缺的。相比之下，专业的市场经理人能够与企业家、投资者开展更为有效的沟通，共同推进科技成果的市场化和产业化进程。

即使在科技成果产业化程度极高的美国，大学教授们的基本职责仍旧集中在教学和科研上。当他们涉足企业创业时，通常是以技术专家的身份参与，而非担任公司的老板或大股东。美国的高等教育机构非常注重科技成果转化的专业化和职业化，并且已经建立了一套成熟的转化经理人体系。一方面，高校会专门投入资金成立技术转移办公室(OTL)，这些办公室由拥有丰富经验的商学博士、工商管理专才组成，他们利用学校的技术成果，通过专业协会如技术成果转化的专业协会(AUTM)等，与市场上的合作伙伴开展转化合作。另一方面，在社会各界，也有一批精通技术的专业投资人或连续创业者，他们全职投身于科技创业型公司，成功建立一个公司并出售之后，便会着手下一个项目。这样的结构为科技成果的转化提供了坚实的支持，确保了创新能够持续不断地转化为实际的应用和产品。

7.2.4 科技成果研发人在成果产业化链条中的作用与地位不够高

在现行的体制内，科技成果的产权归属于国家，这在一定程度上削弱了科研人员在成果产业化过程中的作用和地位。人才是科技成果转化的关键，但在我国，许多研发人员难以成为科技成果转化和产业化的核心力量，即创业公司的股东。这一现象有两方面的原因：首先，由于技术壁垒相对较低,同一领域内的科研团队竞争激烈,导致科研骨干的不可替代性不足。其次,科研机构和高等院校的性质决定了科研人员所创造的科技成果属于职务发明,其产权归属于单位,科研人员自身并不拥有知识产权。对于科技型企业而言,受知识产权保护的科技成果才是其真正的资产。因此,在产学研合作中,科研工作者的角色往往局限于兼职的"技术顾问",其主要作用在于帮助企业确保技术的衍生、升级和迭代。

为了解决科技成果产权国有对科研人员创业活动的限制,一些单位如西南交通大学等开始探索产权混合所有制改革。这种改革尝试将职务发明的产权部分私有化,鼓励科研人员以自己的知识产权进行创业。如果科研人员掌握了高技术壁垒,并且能够与所在单位明确并获得职务发明的产权,那么他们就有可能开展自己的创业项目,并在新公司中获得重要的地位。

7.2.5 技术转移与成果转化的评价标准难以量化

在技术转移与成果转化的评价过程中,确立一个量化的、多维度的评价标准是一项挑战。由于转化过程的复杂性,短期内很难对成果进行全面的评估。科技成果的转化远非简单的线性过程,因此,采用直接且简化的指标来衡量其成效很可能会忽略重要的影响因素。同样,不能仅以转化收入作为衡量成果价值的唯一标准,这种做法可能会鼓励短期利益的追求,而忽视了科技成果长远的经济和社会效益。

7.2.6 技术转移与成果转化政策落实还没有形成协同机制

在目前的技术转移与成果转化过程中,非营利性机构仍然占据主导地位。这些机构的管理目标与科技成果转化追求利润的本质存在显著差异。例如,纪检、监察、审计、巡视等部门更注重保值增值国有资产,而技术转移与成果转化面临的市场风险和交易的不确定性则与此相悖。这种差异导致政策层面缺乏有效衔接,出台的免责条款往往含糊其词,使得许多领导干部担心贱卖国有资产或者国有资产投资不善导致资产流失,因而在技术转移与成果转化方面过于谨慎。要有效解决这一问题,需要采用现代经济体系的思维来理解和解决技术转移与成果转化的挑战(吴寿仁,2017)。

7.3 结论

在科技创新驱动和体制改革的推动下,我国技术转移与成果转化领域经过发展,已显著提升。展望未来,推进技术转移与成果转化的核心应聚焦于以下几个关键领域。首先,应摒弃科研工作者孤立作战的传统模式,积极构建以市场为导向的、专业化、职业化的科研成果转化机构及其人才团队。这包括建立专业的成果转化平台,作为科研团队与产业界之间的桥梁(王佳江等,2019),通过融合政府、高等院校以及企业在政策、信息、资金、科技和人才等方面的资源,为科技成果的商品化和产业化提供全面服务(张勇等,2016)。其次,需转变以非营利机构为主导的研发转化模式,建立一系列真正服务于产业发展和地方企业需求的市场化、企业化的技术研发机构或创业型大学。第三,改革政策应全面考量科研机构和科研人员的责、权、利关系,明确知识产权的所有权和收益分配,为那些有志于创业并具备相应能力的科研人员,提供以知识产权为投资的转化机会。最后,在政策的制定过程中,相关部门应增强协作,力求目标统一,确保政策能够有效实施。

第八章 江苏技术转移与成果转化存在的问题及对策建议

8.1 江苏技术转移与成果转化存在的问题

8.1.1 技术转移与成果转化效率较低

江苏虽然有172所高校,48个"双一流"建设学科,但学科多从科学研究角度设置,40%左右与省内产业发展没有直接技术关联,特别是新兴产业需要的科技成果往往涉及多个学科的交叉,导致现有的学科设置满足不了产业创新发展新需求。2017年江苏高校各类基础研究成果达4.81万项,但实现技术转让的应用科研成果仅678项。全省高校院所每年只有5%左右的原创成果可应用转化,转化后能产生经济效益的又只占转化成果的30%左右。

8.1.2 引领产业创新发展的重大科技成果不足

"十三五"以来,江苏省组织承担国家重大科技专项、重点研发计划、自然科学基金等超过7 000项。在现代装备领域,攻克工程机械、海工平台、数控机床等整机技术,在新材料领域,碳纤维、高温合金等研发水平与国际保持同步,纳米、联网、光伏等领域一批核心技术进入国际前沿。但江苏融入国家创新体系的主动性不够强,参与国家科技重大科技专项不够多,缺少从0到1的原创性成果。主导产业的技术支撑力量不强,工业机器人、芯片、操作系统、新材料等核心技术被国外企业垄断,很多企业从事高端产业低端环节,在未来有发展潜力的高新技术产业方面虽有少量突破,但不够充分。

8.1.3 科技服务机构能力有待提升

技术转移与成果转化是一个复杂的系统工程,不仅仅涉及高校院所和企业,还需要科技服务机构提供成果评估、科技金融、知识产权、检验检测等专业化服务,无论哪个环节出现障碍都会影响整个成果转移转化的进程,而当前江苏虽然服务机构众多,但多数服务机构的服务功能单一,所提供的服务大多仅限于"牵线搭桥"式的信息服务,具有公信力和权威性的科技成果评估机构缺乏,能够提供科技成果登记、评估、管理、许可转让管理咨询、风险投资和投融资等综合性服务的服务机构少,远不能满足高校院所、企业科技成果转移转化的需求。

8.1.4 专业化技术转移人才队伍缺乏

科研人员大多擅长科研,不擅长市场营销,因而技术转移与成果转化为生产力就受到很大的影响,因此需要大量的专业化技术转移人才帮助科研人员实现成果的转化。虽然江苏省的技术经理人队伍已经形成了一定规模,但总的来说技术经纪工作仍处于起步阶段,专业化的人才队伍仍然极度缺乏,尤其是既具有较强科研能力,又具有较强经营管理能力,懂市场运作的专业化、复合型人才队伍。

8.2 对江苏技术转移与成果转化的对策建议

8.2.1 强化平台建设,促进科技成果落地转化

一是强化技术转移与成果转化服务体系建设。鼓励校企院所共建需求对接、优势互补、利益共享的技术转移与成果转化平台,聚焦江苏特色产业和市场需求,深化技术定制、测试检验、中试熟化、产业化开发等全链条服

务。依托现有科技资源共享平台,进一步优化整合区域创新资源,加强工业互联网平台与技术转移平台的协同联动,提升资源对接效率。构建更加完善的科技数据库、科研仪器库等资源信息体系,通过智能化数据分析与精准化服务推动技术供需匹配,形成线上线下联动、高效便捷的技术转移生态。

二是提升科创载体支撑能力。广东省充分利用特区珠海濒临南海,东与深圳、香港隔海相望,南与澳门陆地相连的优越地理位置,搭建了高科技成果产业化示范基地,加之宽松的政策支持,成功孵化了众多知名企业。江苏省可借鉴其先进经验,充分发挥江苏省地处长三角腹地连南接北的区位优势,以南京为中心,统筹推进国家实验室、南京综合性国家科学中心等创新主平台建设,加快拓展优势特色产业的创新产业园区,承接周边地区经济辐射和产业转移,以促进江苏省科技创新成果转化,推动江苏省成为长三角地区独角兽企业主要聚集地和潜在独角兽孵化地。

三是探索高质量发展的"飞地"合作模式。江苏作为研发能力较强的省份,在推动技术转移与成果转化方面应进一步发挥区位和资源优势。可借鉴深汕特别合作区"双向飞地"成功经验,结合长三角区域一体化发展战略,构建"研发与转化双向互动"的飞地经济合作模式。具体而言,一方面以南京、苏州等创新高地为核心,强化技术研发、成果孵化、创新人才集聚等功能,完善创新链生态;另一方面,结合苏北地区在空间资源、产业配套等方面的优势,打造承接转化基地,推动技术产业化落地,优化区域产业链布局。通过省内"双向飞地"模式实现研发设计与产业转化的高效衔接,同时探索与长三角其他先进地区的跨省合作,实现资金、技术、人才与空间、生态、劳动力资源的优势互补,助力区域协同创新发展。

8.2.2 强化市场配置,完善成果转化对接机制

一是建立专业化技术转移机构。明确科技中介服务机构的职业规范和政策扶持,鼓励技术转移中介服务机构品牌化、连锁化、差异化发展。根据

科创企业需求,提供技术孵化与二次开发、技术投融资、知识产权服务、技术经纪与信息服务等"处方式""定单式"的差异化服务。

二是大力发展技术交易市场。上海技术交易所作为科技成果评价改革试点之一,深入建立了基于交易所登记、托管、交易、结算功能的多元化科技成果市场化评价、交易定价方法;开展了基于资本联动、区域发展及产业协同的科技成果评价实践,实现了技术、资金、人才资源配置效益的最大化。江苏可借鉴其专项试点经验,探索完善协议定价、挂牌交易、拍卖、资产评估等多元化科技成果市场交易定价办法。建强用好江苏科技大市场,完善线上线下相结合的服务模式,定期开展科技成果路演展示对接交易活动,推进科技成果加速转化。

三是提升知识产权服务能力。鼓励用法律或者法规的形式明确一个专利和技术可以授权多家使用,特别是国家投入资金的科研项目,以避免大规模国有研发经费的浪费。

8.2.3 强化融合发展,促进产学研用深度合作

一是完善多方合作体制机制。充分发挥政府的宏观调控作用和市场的需求导向作用,密切企业、高校、科研院所的利益联系,形成收益共享、风险共担的机制。广州市积极构建"产学研政企金"相结合的模式,推动解决科技创新与成果转化中各个脱节、条块分割、协调困难、权益纠纷等常见问题,实现了资源整合和优化配置,大大缩短了技术创新到应用落地的时间。江苏在相关高新技术产业也可借鉴该合作模式为科技创新和成果转化营造优质便利的环境,搭建交流协作平台,促进人才资源互通、信息共享,打通从科技需要到科技创造再到技术转移与成果转化的全产业链。

二是优化产学研合作软环境。制定政策法规保护产学研合作各方合法权益,为产学研合作全过程提供法律上的规范和支持。改革完善科研信息数据保密制度,科学界定信息数据的保密类型及等级,鼓励产学研实体之间以签订保密协议等方式,提高科研信息数据的共用共享效果。持续跟踪产

学研合作的需求,做好政策的落地、评估和调整。

三是强化企业技术转移与成果转化主体地位。促进各类创新要素向企业集聚,支持企业设立研发中心、专业化众创空间、制造业创新中心等创新平台。打破科技创新券地区限制,鼓励企业使用科技创新券采购异地科技服务,实现科技资源跨区域互联互通。支持国企科技成果权属改革,完善国有创投企业市场化运作细则。

8.2.4 强化人才支撑,优化成果转化资源配置

一是做好人才发展顶层设计。借鉴将深汕合作区人才战略深度融入深圳大湾区发展战略的先进理念,结合江苏省资源禀赋实际,深度参与长三角地区产业链招商,紧密对接兄弟区,构建产业协同支持政策体系,进而打造深度融入长三角产业链的人才发展战略体系。

二是加快高端科技人才引聚。鼓励柔性引才,打破传统观念和体制限制吸引高层次专利人才来皖工作。完善培养和引进技术转移人才的政策措施,从研究经费、福利待遇、社会名誉等各方面给予人才重点保障。探索建立高端技术转移人才评价机制,制定人才评价标准。

三是激发科技人员转化积极性。建立健全以增加知识价值为导向的科技成果权益分配机制,积极推进赋予科研人员职务科技成果所有权或长期使用权改革试点工作。探索实行"负面清单+包干制"管理,实行项目实施、资金使用、项目管理一体化"包干",切实减轻科研人员负担,赋予更大经费使用自主权。

四是完善职业技术经理人培育体系。充分发挥江苏地处长三角腹地的区位优势,通过技术转移与成果转化专题培训、交流研讨等形式,组建技术转移与成果转化服务团,"外引""内育",双管齐下培养一批活跃于长三角地区的职业技术经理人队伍。完善职业技术经理人评价机制,研究制定技术经理人资质、评价标准。设立职业技术经理人培训机构,培养本地的技术转移人才。

8.2.5 强化资金保障,完善创新领域融资体系

一是落实政府资金保障。提升对经信、科技、教育等部门相关政策资金的统筹力度,在省级科技研发资金中每年安排一定比例经费专门用于技术转移事项。通过贷款贴息、风险补偿、保费补贴、担保补助等方式为技术转移与成果转化提供支持。

二是提高社会资本投入。加大对社会资本投资技术转移与成果转化项目的政策支持力度,拓宽技术转移与成果转化融资渠道。鼓励银行、保险机构等金融机构为科技企业提供信用贷款、知识产权质押贷款、保证保险贷款、创业投资基金等融资服务。

三是完善现有的创新领域投融资体系。相关部门可以设置专门提供给创新型中小企业的创新基金,引导更多的社会游资从传统的投资领域转移至以创新型中小企业为代表的技术研发领域,让更多的社会企业拥有更为积极的动力开展科技-成果转化和技术转移相关工作。

参考文献

白京羽,刘中全,王颖婕,2020.基于博弈论的创新联合体动力机制研究[J].科研管理,41(10):105-113.

陈劲,黄海霞,2018.建设科技创新强国理论与实践探索[J].中国科技论坛,(1):7-15.

陈凯华,冯卓,康瑾,等,2023.我国未来产业科技发展战略选择[J].中国科学院院刊,2023,38(10):1459-1467.

陈腾,叶春明,沈杰,2006.基于DEA方法对高校科技成果转化效果评价[J].情报科学,24(8):1199-1202.

成玉飞,2008.我国高校科技成果转化过程及评价研究[D].天津:河北工业大学.

戴志敏,曾宇航,郭露,2016.华东地区工业生态效率面板数据研究:基于整合超效率DEA模型分析[J].软科学,30(7):35-39.

董洁,黄付杰,2012.中国科技成果转化效率及其影响因素研究:基于随机前沿函数的实证分析[J].软科学,26(10):15-20.

杜传忠,冯晶,张咪,2017.中国三大经济圈技术转移绩效评价研究[J].财经问题研究,(7):95-101.

方茜,2019.现代化经济体系建设与科技成果转移转化的关系研究:基于解释结构模型的分析[J].软科学,33(6):18-23.

方炜,郑立明,王莉丽,2019.改革开放40年:中国技术转移体系建设之路[J].中国科技论坛,(4):17-27.

冯华,单丽曼,2016.中国技术转移效率评价研究:基于Malmquist指数和Bootstrap-DEA的实证分析[J].学习与实践,(11):14-22.

高丽媛,张屹山,2018.实现共同富裕的分配制度选择:基于权力结构的理论剖析[J].社会科学研究,(1):15-26.

高擎,何枫,吕泉,2020.区域环境、科研投入要素与我国重点高校技术转移效率研究[J].中国高教研究,(1):78-82,108.

高霞,其格其,高群婷,2018.知识转移效果的结构性指标对企业创新绩效的影响[J].科学学与科学技术管理,39(5):89-100.

高月姣,吴和成,2015.创新主体及交互作用对区域创新效率影响的实证研究[J].软科学,29(12):45-48.

贺京同,冯尧,2011.中国高技术产业科技成果转化效率的实证研究——基于DEA-Malmquist指数方法[J].云南社会科学,(4):92-97.

胡俊,吴君民,盛永祥,等,2019.基于演化博弈的高校科技成果转化模式选择研究[J].科技管理研究,39(24):63-71.

黄寰,王玮,曾智,2015.基于DEA-Malmquist指数的四川创新科技效率评价分析[J].软科学,29(10):131-135.

黄菁菁,2018.基于协同创新模式的技术扩散路径研究[D].大连:大连理工大学.

黄鲁成,王宁,2011.专利视角下的技术扩散研究综述[J].科学学与科学技术管理,32(10):27-34.

蒋艳辉,王靖烨,王琳,2020.财政支出、居民消费与区域创新:基于省级面板的实证分析[J].工业技术经济,39(11):12-18.

解学梅,王宏伟,2020.产业技术创新战略联盟稳定性影响机制研究:一个合作机制视角的多案例探索性分析[J].科技进步与对策,37(3):62-71.

金南,李娜,李建,1999.环保科技成果转化项目评价指标体系及评价方法[J].中国环境科学,19(4):381-384.

李丽,2016.基于复杂适应系统理论的区域创新驱动力研究[J].经济问题,2(5):102-107.

李林,彭方雪,何建洪,等,2024."一带一路"共建国家间的技术扩散:基于技术内容与网络结构的分析[J].重庆邮电大学学报(社会科学版),2024,36(2):135-145.

李其玮,顾新,赵长轶,2018.影响因素、知识优势与创新绩效:基于产业创新生态系统视角[J].中国科技论坛,(7):56-63.

李树德,吕福旭,1994.天津市农业科技成果转化与推广的评价研究[J].天津农业科学,(2):42-47.

李修全,玄兆辉,2015.关于科技成果转化率使用的两个误区[J].科技管理研究,35(5):56-58.

李子彪,孙可远,赵菁菁,2021.企业知识基础如何调节多源知识获取绩效?:基于知识深度和广度的门槛效应[J].科学学研究,39(2):303-312.

梁娟,陈国宏,2015.多重网络嵌入与集群企业知识创造绩效研究[J].科学学研究,33(1):90-97.

林兰,2010.技术扩散理论的研究与进展[J].经济地理,30(8):1233-1239,1271.

刘承良,管明明,段德忠,2018.中国城际技术转移网络的空间格局及影响因素[J].地理学报,73(8):1462-1477.

刘俊婉,赵良伟,冯秀珍,2015.面向可持续发展的科技成果转化研究[J].科技进步与对策,32(7):12-17.

刘威,陈艾菊,2008.基于ANP的高校科技成果转化绩效评价[J].科技管理研究,28(6):192-194.

刘曦子,侯锐,陈进,2017.人口受教育程度对居民消费的影响研究:基于动态面板分位数回归法[J].西北人口,38(1):50-56.

刘晓明,章卫民,李湛,2009.高新技术产业发展的一般规律浅析[J].科技管理研究,29(10):47-50.

刘鑫,2020.科技成果权属改革背景下的高校专利发展状况:以四川省20所高校为例[J].中国高校科技,(8):77-81.

刘鑫,李婷婷,陈光,2020.职务发明权属"混合所有制"政策试点起作用了吗?[J].科学学研究,38(7):1197-1206.

刘璇华,李冉,2010.广东省科技成果转化的评价分析[J].工业工程,13(6):24-28.

陆扬,2018.科技成果转化效率评估与政策优化研究:以江西省为例[D].南昌:南昌航空大学.

马文君,蔡跃洲,2020.新一代信息技术能否成为动力变革的重要支撑?:基于新兴产业分类与企业数据挖掘的实证分析[J].改革,(2):40-56.

裴旭东,2006.我国企业技术创新扩散机制研究[J].西安石油大学学报(社会科学版),15(3):42-45.

彭峰,周银珍,李燕萍,2016.中国高技术行业的技术转移与效率差异[J].求索,(3):92-96.

戚湧,朱婷婷,郭逸,2015.科技成果市场转化模式与效率评价研究[J].中国软科学,(6):

184-192.

沈宏婷,陆玉麒,沈惊宏,2017.中国省域创新投入—创新产出—创新效益的时空耦合研究[J].经济地理,37(6):17-22.

石善冲,高凤彦,2004.河北省工业科技成果转化效果综合评价研究[J].河北工业科技,21(1):20-23.

孙冰,刘晨,田胜男,2021.社会网络视角下联盟成员合作关系对技术标准形成的影响[J].科技进步与对策,38(4):21-27.

孙耀吾,谈媛嫡,2018.模块化创新网络主导企业技术领导力及其结构演化研究[J].科技进步与对策,35(1):80-87.

覃雄合,杜德斌,刘树峰,等,2017.中国省际高校科研成果转化效率时空格局与影响因素——基于网络SBM模型的评价[J].地理研究,36(9):1641-1652.

谭劲松,宋娟,陈晓红,2021.产业创新生态系统的形成与演进:"架构者"变迁及其战略行为演变[J].管理世界,37(9):167-191.

唐敏,2010.江苏省科技成果转化及综合评价研究[D].扬州:扬州大学.

涂小东,肖洪安,申红芳,等,2005.高等院校科技成果转化绩效评价指标体系构建[J].科学学与科学技术管理,26(8):38-40.

王斌,谭清美,王志华,2018.三维价值链视阈下科技成果转化知识供给体系研究[J].科技进步与对策,35(12):28-33.

王方,李华,2013.基于DEA的中国区域技术转移效率评价[J].科研管理,34(S1):153-160.

王锋,冯根福,2013.基于DEA窗口模型的中国省际能源与环境效率评估[J].中国工业经济,(7):56-68.

王佳江,赵宇,徐世艳,等,2019.我国农业科技成果转化的障碍因素分析及对策[J].农业科技管理,38(4):79-80.

王家庭,季凯文,2008.我国开发区制度创新扩散的微观机理与实证分析[J].社会科学辑刊,(2):87-91.

卫平,赵良浩,2014.我国战略性新兴产业科技成果转化效率研究[J].工业技术经济,33(1):11-20.

魏后凯,2004.我国地区工业技术创新能力评价[J].中国工业经济,(5):11-18.

吴寿仁,2017.落实科技成果转化政策的难点与对策建议[J].科技中国,(6):4-7.

肖兴志,徐信龙,2019.区域创新要素的配置和结构失衡:研究进展、分析框架与优化策略[J].科研管理,40(10):1-13.

谢丽云,2009.科技成果转化评价研究[D].长沙:湖南大学.

熊彼特,2000.经济发展理论:对于利润、资本、信贷、利息和经济周期的考察[M].何畏,易家祥,等译.北京:商务印书馆.

徐晨,邵云飞,2010.基于DEA的科技成果转化绩效评价研究[J].电子科技,23(7):58-61.

徐帅,石隆伟,2017.科技成果转移转化难的成因及解决之道[J].中国高校科技,(11):7-9.

许晓冬,秦续天,2022.高技术产业绿色生态创新效率评价与影响因素研究:基于三阶段DEA模型[J].现代管理科学,(5):50-58.

严威,俞立平,孙建红,2014.科技成果转化水平测度的计量模型研究[J].中国科技论坛,(12):103-108.

严威,俞立平,孙建红,2014.科技成果转化水平测度的计量模型研究[J].中国科技论坛,(12):103-108.

阎为民,周飞跃,2006.高校科技成果转化绩效模糊评价方法研究[J].研究与发展管理,18(6):129-133.

杨剑,夏慧良,2022.中部与长三角地区国家级高新区科技创新效率评价:基于三阶段数据包络分析[J].科技管理研究,42(16):70-77.

杨洋,2019.我国科技成果转化现状、问题与相关对策探讨[J].农业科研经济管理,(4):1-4,8.

杨震宁,赵红,2020.中国企业的开放式创新:制度环境、"竞合"关系与创新绩效[J].管理世界,36(2):139-160,224.

杨仲基,王宏起,武建龙,2018.利益相关者视角下区域科技成果转化能力评价及实证研究[J].工业技术经济,37(1):153-160.

叶刘刚,白福臣,2015.中国"211"高校科研效率评价和外部影响因素分析:基于Bootstrap-DEA方法的实证研究[J].高等财经教育研究,(4):6-14.

尹航,2007.基于AHP-Entropy方法的科技成果转化绩效评价[J].运筹与管理,16(6):

111-117.

尹士,李柏洲,2018.中国区域技术有效供给能力评价及影响因素[J].中国科技论坛,(4):128-137,147.

尹西明,陈劲,吴善超,等,2024.加强国家战略科技力量体系化发展打造国家科技先导能力[J].科技中国,(02):6-11.

尹西明,陈泰伦,陈劲,等,2022.面向科技自立自强的高能级创新联合体建设[J].陕西师范大学学报(哲学社会科学版),51(2):51-60.

余元春,顾新,陈一君,2017.产学研技术转移"黑箱"解构及效率评价[J].科研管理,38(4):28-37.

俞立平,武夷山,2011.基于面板数据的地区科技成果评价研究[J].图书情报工作,55(6):29-32.

曾婧婧,温永林,毕超,2020.高校技术转移与企业技术转移对区域创新能力的差异性贡献:技术转移中心的调节作用[J].科技进步与对策,37(6):84-91.

张寒,武晨箫,李正风,2023.高校产学知识转移制度化过程的实证研究[J].科学学研究,41(1):80-90.

张健华,2010.高校科技成果转化中的政府职能研究[D].天津:南开大学.

张宽,黄凌云,2019.引进外资对区域创新能力的影响研究——基于贸易开放的新视角[J].软科学,33(8):49-53.

张利宁,2017.高端装备制造业共性技术创新扩散效应研究[D].哈尔滨:哈尔滨工程大学.

张伟,朱启贵,李汉文,2013.能源使用、碳排放与我国全要素碳减排效率[J].经济研究,48(10):138-150.

张逸,2006.四川省科技成果转化综合影响评价[D].成都:电子科技大学.

张勇,骆付婷,2016.基于价值网的科技成果转化服务平台运行机制研究[J].科技进步与对策,33(5):16-21.

张羽飞,孙祺,李桂荣,等,2024.产学研深度融合创新联合体:概念衍生、特征类型与推进路径[J].科技进步与对策,41(10):150-160.

郑月龙,白春光,李登峰.考虑市场化开发的产业共性技术供给决策研究[J/OL].中国管理科学,1-12[2024-06-26].

钟卫,陈宝明,2018.中国高校科技成果转化绩效评价研究[J].中国科技论坛,(4): 41-49.

周俊亭,席彦群,周媛媛,2021.区域技术市场、政府扶持与科技创新[J].中国软科学, (11):80-90.

Aghion P, Howitt P, Brant-Collett M, et al, 1998. Endogenous growth theory[J]. Cambridge: MIT Press.

Alexy O, George G, Salter A J, 2013. Cui bono? the selective revealing of knowledge and its implications for innovative activity[J]. Acad Manag Rev, 38(2): 270-291.

Altuntas S, Dereli T, Kusiak A, 2015. Forecasting technology success based on patent data [J]. Technol Forecast Soc Change, 96: 202-214.

Anderson T R, Daim T U, Lavoie F F, 2007. Measuring the efficiency of university technology transfer[J]. Technovation, 27(5): 35-39; 306-318.

Appiah-Adu K, Okpattah B K, Djokoto J G, 2016. Technology transfer, outsourcing, capability and performance: a comparison of foreign and local firms in Ghana[J]. Technol Soc, 47(4): 31-39.

Arora A, Fosfuri A, Gambardella A, 2004. Markets for technology: the economics of innovation and corporate strategy. MIT press.

Astley W G, Sachdeva P S, 1984. Structural sources of intraorganizational: power: a theoretical synthesis[J]. Acad Manag Rev, 9(1): 104-113.

Ballon P, Pierson J, Delaere S, 2005. Test and experimentation platforms for broadband innovation: examining European practice[J]. SSRN Journal.

Bercovitz J, Feldman M, 2006. Entpreprenerial universities and technology transfer: a conceptual framework for understanding knowledge-based economic development[J]. J Technol Transf, 31(1): 175-188.

Buckley P J, Casson M, 1976. The future of the multinational enterprise[M]. London: Macmillan.

Chandler A D, Saxenian A, 1995. Regional advantage: culture and competition in silicon valley and route 128[J]. N Engl Q, 68(1): 153-156.

Charnes A, Cooper W W, Rhodes E, 1979. Measuring the efficiency of decision-making units[J]. Eur J Oper Res, 3(4): 339-339.

Chen L X, 2017. Do patent citations indicate knowledge linkage? The evidence from text similarities between patents and their citations[J]. J Informetr, 11(1): 63-79.

Chesbrough H W, 2003. Open Innovation: The New Imperative for Creating and Profiting from Technology[M]. Boston: Harvard Businness School Press.

Cohen W M, Levinthal D A, 1990. Absorptive capacity: a new perspective on learning and innovation[J]. Adm Sci Q, 35(1): 128.

Cummings J N, 2004. Work groups, structural diversity, and knowledge sharing in a global organization[J]. Manag Sci, 50(3): 352-364.

Curi C, Daraio C, Llerena P, 2015. The productivity of French technology transfer offices after government reforms[J]. Appl Econ, 27(5): 306-318.

Daniel A D, Alves L, 2020. University-industry technology transfer: the commercialization of university's patents[J]. Knowledge Management Research & Practice, 18(3): 276-296.

Duch-Brown N, Costa-Campi M T, 2015. The diffusion of patented oil and gas technology with environmental uses: a forward patent citation analysis[J]. Energy Policy, 83: 267-276.

Dunning J H, 2002. Regions, globalization, and the knowledge-based economy[M]. Oxford: Oxford University Press.

Feller I, Anderson G, 1994. A benefit-cost approach to the evaluation of state technology development programs[J]. Econ Dev Q, 8(2): 127-141.

Fried H O, Lovell C A K, Schmidt S S, et al, 2002. Accounting for environmental effects and statistical noise in data envelopment analysis[J]. J Prod Anal, 7(1/2): 157-174.

Frishammar J, Söderholm P, Bäckström K, et al. 2015. The role of pilot and demonstration plants in technological development: synthesis and directions for future research[J]. Technol Anal Strateg Manag, 27(1): 1-18.

Fukuyama H, Weber W L, 2015. Measuring Japanese bank performance: a dynamic network DEA approach[J]. J Prod Anal, 44(3): 249-264.

Glachant M, Dussaux D, Ménière Y, et al, 2013. Greening Global Value Chains: Innovation and the International Diffusion of Technologies and Knowledge[M]. The

World Bank, (5): 1-17.

Grimaldi R, Von Tunzelmann N, 2002. Assessing collaborative, pre-competitive R&D projects: the case of the UK LINK scheme[J]. R&D Management, 32(2): 165-173.

Günsel A, 2015. Research on effectiveness of technology transfer from a knowledge based perspective[J]. Procedia Soc Behav Sci, 207(43): 777-785.

Hall B H, Ziedonis R H, 2001. The patent paradox revisited: an empirical study of patenting in the U. S. semiconductor industry, 1979-1995[J]. RAND J Econ, 32(1): 101-128.

Haruna S, Jin J N, Zhang X Y, 2010. Patent citations, technology diffusion, and international trade: evidence from Asian countries[J]. J Econ Finance, 34(4): 365-390.

Hou B J, Hong J, Wang S, et al, 2021. University-industry linkages, regional entrepreneurship and economic growth: evidence from China[J]. Post Communist Econ, 33: 637-659.

Hsu Y C, Lee C C, 2012. The impact of military technology transfer on economic growth: international evidence[J]. Applied Economics, 44(19): 2437-2449.

Hwang C L, Yoon K, 1981. Methods for multiple attribute decision making. Multiple attribute decision making: methods and applications a state-of-the-art survey, 186: 58-191.

Jee S J, Kwon M, Ha J M, et al, 2019. Exploring the forward citation patterns of patents based on the evolution of technology fields[J]. J Informetr, 13(4): 100985.

Kaufmann R K, 1995. A model of the world oil market for project LINK Integrating economics, geology and politics[J]. Economic Modelling, 12(2): 165-178.

Kim Y, 2013. The Ivory tower approach to entrepreneurial linkage: productivity changes in university technology transfer[J]. J Technol Transf, 38(2): 180-197.

Leischnig A, Geigenmueller A, Lohmann S, 2014. On the role of alliance management capability, organizational compatibility, and interaction quality in interorganizational technology transfer[J]. J Bus Res, 67(6): 1049-1057.

Mansfield E, 1961. Technical change and the rate of imitation[J]. Econometrica: Journal of the Econometric Society, 741-766.

Mariano E B, do Nascimento Rebelatto D A, 2014. Transformation of wealth produced into quality of life: analysis of the social efficiency of nation-states with the DEA's triple index approach[J]. J Oper Res Soc, 65(11): 1664-1681.

Mowery D C, Rosenberg N, 1989. Technology and the Pursuit of Economic Growth[M]. Cambridge, UK: Cambridge University Press.

Mowery D C, Sampat B N, 2004. The Bayh-Dole Act of 1980 and university–industry technology transfer: a model for other OECD governments? [J]. The Journal of Technology Transfer, 30: 115-127.

Nordensvard J, Zhou Y, Zhang X, 2018. Innovation core, innovation semi-periphery and technology transfer: the case of wind energy patents[J]. Energy Policy, 120(9): 213-227.

Pan X L, Yan E J, Cui M, et al, 2018. Examining the usage, citation, and diffusion patterns of bibliometric mapping software: a comparative study of three tools[J]. J Informetr, 12(2): 481-493.

Pinto M M A, Kovaleski J L, Yoshino R T, et al, 2019. Knowledge and technology transfer influencing the process of innovation in green supply chain management: a multicriteria model based on the DEMATEL method[J]. Sustainability, 11(12): 3485-3517.

Polanyi M, Nye M J, 2015. Personal Knowledge[M]. Chicago: University of Chicago Press.

Roper S, Love J H, Bonner K, 2017. Firms' knowledge search and local knowledge externalities in innovation performance[J]. Res Policy, 46(1): 43-56.

Rory P. O'Shea, Thomas J, 2005. Allen, Arnaud Chevalier, Frank Roche. Entrepreneurial orientation, technology transfer and spinoff performance of U. S. universities[J]. Research Policy, (34): 994-1009.

Rubensteln. A and E. Geisler, 1982. Objectives and Methods of Assessing and Evaluating R&D Program and Project[J]. Paper Presented at the Forth Annual Engineering Management Conference, Washington, DC, 1(6): 8-9.

Saxenian A L, 1996. Regional advantage: Culture and competition in silicon valley and route 128, with a new preface by the author[M]. Cambridge: Harvard University Press.

Sharma P, Tripathi R C, 2017. Patent citation: a technique for measuring the knowledge flow of information and innovation[J]. World Pat Inf, 51: 31-42.

Siegel D S, Waldman D, Link A, 2003. Assessing the impact of organizational practices on the relative productivity of university technology transfer offices: an exploratory study [J]. Research policy, 32(1): 27-48.

Sohn S Y, Moon T H, 2004. Decision tree based on data envelopment analysis for effective technology commercialization[J]. Expert systems with Applications, 26(2): 279-284.

Sueyoshi T, Yuan Y, 2015. China's regional sustainability and diversified resource allocation: DEA environmental assessment on economic development and air pollution [J]. Energy Econ, 49(8): 239-256.

Williamson P J, De Meyer A, 2012. Ecosystem advantage: how to successfully harness the power of partners[J]. Calif Manag Rev, 55(1): 24-46.

Zahra S A, George G, 2002. Absorptive capacity: a review, reconceptualization, and extension[J]. Acad Manag Rev, 27(2): 185-203.

Zanello G, Fu X L, Mohnen P, et al, 2016. The creation and diffusion of innovation in developing countries: a systematic literature review[J]. J Econ Surv, 30(5): 884-912.

Zhou P, Leydesdorff L, 2006. The emergence of China as a leading nation in science[J]. Research policy, 35(1): 83-104.